# COMO
# IDENTIFICAR
# Y REMOVER
# MALDICIONES

# COMO
# IDENTIFICAR
# Y REMOVER
# MALDICIONES

# GARY V. WHETSTONE

WHITAKER
HOUSE

A menos que se indique expresamente, todas las referencias de las Sagradas Escrituras fueron tomadas de la Antigua Versión de Casiodoro de Reina (1569) revisada por Cipriano de Valera (1602), revisión de 1960 por las Sociedades Bíblicas Unidas. Asimismo la versión Popular Segunda Edición 1983 por la Sociedad Bíblica Americana, Nueva York, EE. UU.

## CÓMO IDENTIFICAR Y REMOVER MALDICIONES
*Mass Market Edition*

Gary Whetstone Worldwide Ministries (G.W.W.M.)
P.O. Box 10050
Wilmington, DE 19850 U.S.A.
TEL: 1 (302) 324-5400 • FAX: 1 (302) 324-5448
Dirección en la Internet: www.gwwm.com
Correo electrónico: info@gwwm.com

ISBN-13: 978-1-60374-017-3 • ISBN-10: 0-60374-017-1
© Derechos de autor reservados y exclusivos.
1998 por Gary V. Whetstone
Publicado en 1998
Impreso en los Estados Unidos de América

Traducción al español realizada por:
Sí Señor, We Do Translations          Jorge y Margaret Jenkins
P.O. Box 62                           TEL: (302) 376-7259
Middletown, DE 19709 E.U.A.            FAX: (302) 376-7253

Whitaker House
1030 Hunt Valley Circle
New Kensington, PA 15068
www.whitakerhouse.com

2  3  4  5  6  7  8  9  10  11  12  **ш**  15  14  13  12  11  10  09  08

*Como el gorrión en su vagar,*
*Y como la golondrina en su vuelo,*
*Así la maldición nunca vendrá sin causa.*

—Proverbios 26:2

# Indice

# Introducción

¿Sientes acaso que te has estado perdiendo de las bendiciones de Dios? ¿Te sientes impedido para cumplir los planes que El tiene para tu vida? ¿Existe acaso alguna área en tu vida que el enemigo tenga atada, y que no encuentras explicación para ello—tal vez en tu economía, salud, relaciones familiares, trabajo, iglesia, o alguna otra? ¿Crees que has estado haciendo todo tu esfuerzo posible, y, sin embargo, existe aun alguna área de tu vida oprimida?

En este libro, yo quiero ayudarte a romper toda influencia negativa que aun te tiene cautivo. Hoy, tú puedes ser liberado de todas las ataduras que te impiden gozar las bendiciones de Dios y que te limitan de llevar a cabo los planes que El tiene para ti. Este libro te capacitará para entender las causas de tu comportamiento, con sus patrones de conducta, así como el de otros, y te enseñará cómo romper las maldiciones que son como plaga en tu vida.

Como tú ves, las palabras negativas pueden crear una atadura secreta en tu vida—y puede llegar a ser tan fuerte, que si no la identificas puede llegar a marcar la diferencia entre el éxito o el fracaso. En nuestra sociedad, la gente insegura, a menudo trata de impresionar a través del desprecio a otras personas. Frecuentemente, en lugar de palabras que edifiquen, consuelen y nos fortalezcan, lo que oímos son palabras maliciosas y muy negativas. Estas palabras pueden venir de nuestros jefes, compañeros de trabajo, vecinos, aun de amigos, maestros, familiares cercanos y ¡aun de ti mismo! Ya sea que te des cuenta o no, esas palabras negativas son maldiciones, las cuales otorgan poder a espíritus demoníacos para que controlen tu vida—hasta en tanto tú las rompes por el poder del Espíritu Santo de Dios.

En *Cómo Identificar y Remover Maldiciones*, vamos a tratar con palabras, motivaciones, intenciones, así como con maldiciones que son de generaciones y de organización; el efecto que sucede cuando una maldición llega a ti; y cómo ser liberado y mantenerte libre. Yo creo firmemente que la sanidad que vas a recibir a medida que lees estas páginas, va a cambiar tu vida totalmente. Ya no vas a tener que conformarte con estar limitado y restringido de llevar a cabo todo aquello que Dios ha diseñado para ti.

¡La libertad y el éxito pueden ser tuyos en el Nombre de Jesús!

# 1
# Entendiendo las Maldiciones y Cómo Es Que Llegan

¿Te das cuenta que existen fuerzas invisibles que tienen poder para atar y restringir tu éxito? Sin embargo, la mayoría de la gente entiende muy poco acerca de estas fuerzas, llamadas *maldiciones*. La gente no sabe reconocer el poder de Satanás y sus tácticas. Un malentendido muy común es creer que las maldiciones sólo ocurren en culturas que han estado involucradas con magos, vudú y médicos brujos. De cualquier forma, la verdad es que Satanás no tiene fronteras culturales. Sus maldiciones afectan a gente en todo el mundo— incluyendo los Estados Unidos—y se dan en todos los niveles de crecimiento espiritual. *Aun los cristianos más maduros pueden estar sufriendo bajo una maldición sin darse cuenta de ello.*

¿Cómo entonces, podemos reconocer estas maldiciones? ¿De dónde vienen? ¿Cómo llegan a nuestra vida? Y lo más importante de todo, ¿cómo nos deshacemos de ellas? En este capítulo y en el siguiente, estudiaremos estos temas, de acuerdo a la Biblia, la Palabra de Dios. Es crítico que tú entiendas todas estas verdades fundamentales para que puedas llevar a cabo los planes que Dios tiene para tu vida, así como poder caminar en todas las bendiciones que El ha prometido para ti. La gente a menudo nos transmite maldiciones hoy en día a través de palabras negativas que nos dicen, así como a través de las generaciones, organizaciones, humanismo y espíritus satánicos. Vamos a comenzar nuestro estudio con estos temas ahora mismo.

## Palabras Negativas

¿Acaso creciste en una familia donde existieron conflictos entre hermanos, hermanas, padres u otros parientes; donde toda esta gente discutía y hablaba palabras negativas en tu hogar? Como niño, ¿te tomaba algún tiempo recuperarte de esos sentimientos de opresión cuando otros habían vociferado palabras negativas en tu contra o en contra de alguien más?

Actualmente, en tu hogar, ¿acaso los diferentes miembros de la familia expresan miedo y confusión, o hablan grocerías y palabras negativas unos a otros? ¿Tal vez tú escuchabas pleitos de odio y dolor? En el trabajo, escuela o aun en la iglesia, ¿tal vez ha habido gente que te ha ridiculizado o hablado mal de ti? Algunas veces ha habido gente que te juzga con prejuicio o que te detesta por medio de palabras amargas, llenas de odio y resentimiento.

Estas palabras negativas pueden afectar tu vida por días, meses o años. Por ejemplo, palabras que se te dijeron cuando eras un niño todavía tienen influencia sobre ti 40 años después. Tal vez tú no reconozcas su atadura sobre ti. Si tú crees lo que la gente ha dicho, tú te puedes convertir en un trompo por el resto de tu vida—girando y girando sin dirección—y sin saber qué hacer.

Había comparaciones competitivas en mi hogar a medida que yo iba creciendo. Hasta que yo tuve 16 años de edad, yo era el hijo favorito por encima de mi hermano. (Y yo perdí este privilegio en este punto de mi vida.) Tal vez tú te has encontrado en esa situación privilegiada de favoritismo. O tal vez tú has estado en el otro lado de la comparación: siendo la oveja negra de la familia, él que nunca la va a poder hacer.

Las palabras son como cuerdas atadas a todo lo que haces. *Aun cuando tratas de obedecer a Dios y de aplicar Su Palabra en tu vida, palabras de tu pasado te estarán afectando a menos que tú sepas cómo romper su atadura.*

Estas palabras negativas son realmente maldiciones—proclamaciones salidas de una voluntad dañada o enferma. Una maldición es una abominación que toma lugar, es aborrecimiento que desprecia a otra persona y que le transmite maldad. Recuerda que una maldición no sólo es hablada por una vieja bruja, apuntándote con un dedo retorcido y que tiene una verruga en la nariz! Hemos visto que pueden venir de cualquier persona—tal vez sin que lo sepas, aun de tu vecino, jefe, esposa, hijos o aun de ti mismo. No importa lo que tú has vivido, o cómo hayas crecido, tú necesitas identificar las palabras de maldición, entonces romperlas y remover su influencia de tu vida para siempre.

Nuestra escritura base para este estudio es Proverbios 26:2:

> *Como el gorrión en su vagar, y la golondrina en su vuelo, así la maldición nunca vendrá sin causa.* (Proverbios 26:2)

Esta escritura comienza con la frase "Como el gorrión en su vagar...." Donde yo vivo en la Costa Este de los Estados Unidos, parvadas de aves migratorias son vistas en el comienzo de la primavera y de nuevo en el otoño. Esta inmensa cantidad de pájaros vuela en una dirección, de repente cambian a otra dirección y luego a otra y a otra. Estas aves están "vagando" hasta en tanto encuentran la corriente de aire adecuada que las llevará a su lugar de destino.

El versículo continúa diciendo, como "la golondrina en su vuelo". Una golondrina es un pájaro pequeño que llega tan rápido a su lugar de destino, que es casi imposible verlo llegar.

La Palabra de Dios usa estos ejemplos de pájaros para enseñarnos cómo las maldiciones ejercen influencia sobre tu vida. Muchas veces estas palabras negativas o maldiciones llegan trayendo consigo mucho daño. Tú estás esperando que tu vida vaya en cierta dirección, pero de repente, cambia de curso. Algunas veces todo el daño llega sin que te puedas dar cuenta de dónde viene.

El versículo termina diciendo, "Así la maldición nunca vendrá sin causa". Esto significa que si la maldición no tiene causa, motivo, si no se le da la ventaja para que llegue, no puede llegar. Como ves, sin una causa o sin darle ventaja, las maldiciones no pueden venir a tu vida. De todas formas si tú les das la oportunidad y no sabes cómo removerlas, Satanás hará lo que quiera con tu vida a través de maldiciones.

Para ilustrar esto, vamos a ver algo que tiene que ver con el deporte del tenis. Cuando un juego se encuentra empatado, alguno de los dos jugadores, deberá obtener dos puntos de diferencia para poder ganar. Y es mucho mejor obtener el punto de ventaja, o estar en esa posición de ventaja. Esto significa que tú ya tienes uno de los dos puntos que necesitas para ganar. Este punto de ventaja te da la oportunidad de ganar el juego si sólo ganas el siguiente punto. De igual manera, sin ese "punto de ventaja", una maldición no puede llegar a tu vida. No les des a las maldiciones ninguna oportunidad de llegar a tu vida. En lugar de eso, tú tienes que tomar la ventaja.

¿Cómo obtienes la ventaja sobre maldiciones y palabras negativas que otros hablan sobre ti? ¿Cómo puedes mantener la misma dirección, sin desviarte y sin que vengan los pájaros a hacer su nido encima de tu cabeza para afligirte y atormentarte? ¿Cómo te mantienes libre de maldiciones? Continúa leyendo para que descubras las respuestas bíblicas a estas preguntas.

## ¿Qué Clase de Autoridad Tienen las Palabras?

Primeramente tú tienes que entender que las palabras crean maldiciones. El libro de Proverbios dice:

> *Del fruto de la boca del hombre se llenará su vientre: se saciará del producto de sus labios. La vida y la muerte están en poder de la lengua, y él que la ama comerá de sus frutos.* (Proverbios 18:20-21)

Esto significa que las palabras habladas acerca de ti te beneficiarán o traerán daño a tu vida. Cada palabra produce fruto. ¿Qué se encuentra dentro del fruto? Dentro de cada fruto encuentras semillas de reproducción. Estas semillas producidas por palabras pueden influenciar tu vida para bien o para mal. ¿Has notado que los miembros de una misma familia generalmente tienen las mismas características y actitudes? Esto se debe a que las semillas habladas en su familia ya hicieron raíces, se multiplicaron y dieron fruto, por generaciones.

Las semillas de tu pasado pueden estar persiguiéndote. ¿Acaso alguna vez has recibido una llamada de alguien que te recuerda tu pasado?

Entonces, después de colgar el auricular, esas palabras se quedaron contigo por días o tal vez años? O tal vez ¿te has encontrado a alguien alguna vez que te hizo recordar algo negativo de tu pasado? Entonces te diste cuenta de que ni siquiera podías mirar a esa persona a los ojos? ¿Acaso tu pasado te está atando de alguna manera?

Algunas de las más grandes limitaciones en esta vida son invisibles. Frecuentemente las maldiciones—que el enemigo ha enviado a través de otros para gobernarnos—determinan nuestras acciones, creencias y las actitudes que adoptamos. Estos controles invisibles deben ser rotos.

¿Has conocido alguna vez a algún trabajador que vive de acuerdo a su "más o menos" mediocre mentalidad? El probablemente creció en un medio donde escuchaba, "Oh tú realmente no necesitas ser verdaderamente instruido acerca de ésto o aquello, con que lo hagas apenas con un mínimo de esfuerzo estará bien". Pero ahora cuando él piensa en educarse o capacitarse más para poder llevar a cabo los deseos de su corazón, él repite; "Con el mínimo de esfuerzo es más que suficiente. Con recibir mi pago me conformo". Para su propio detrimento, las semillas de palabras negativas que este trabajador absorbió en su pasado, se están reproduciendo en su vida, hoy en día. El se está limitando a sí mismo por causa de su creencia. Las palabras son extremadamente poderosas. Ellas te condicionan para el éxito o para el fracaso.

# Reconozca el Poder de las Maldiciones de Generaciones y de Organización

Hoy en día, maldiciones de generaciones anteriores pueden causar serios retos a las relaciones familiares.

> *No te inclinarás a ellas, ni las honrarás, porque Yo Soy Jehová tu Dios, fuerte, celoso, que visito la maldad de los padres sobre los hijos hasta la tercera y cuarta generación de los que me aborrecen.* (Exodo 20:5)

Muchas gentes no se dan cuenta qué tan a menudo otras personas les transmiten maldiciones. Y aunque podrían estar libres en cuestión de minutos, muchos permanecen atados en toda su vida con comportamientos, características y motivaciones negativos; debilidad en su carácter; y aun retos en su vida. No se requiere de mucho tiempo para ser liberado de una maldición de generaciones, pero es indispensable entender sus orígenes y cómo remover sus raíces.

Esta sección te dará luz bíblica acerca de la realidad de las maldiciones de generaciones y de organizaciones. A medida que estudiemos este tema, tú necesitas tomar un paso vital—pero muy incómodo—baja todas tus defensas. Cuando nos adentramos en nuestras historias familiares, muchos de nosotros colocamos mecanismos de defensa muy fuertes. No nos gusta que los demás vean lo que realmente sucede "detrás de las cámaras". No nos gusta vivir en una casa de cristal transparente. Bueno, pero también vamos a ver la casa de cristal transparente en que vivieron tus padres y abuelos, y además, vamos a tirarle piedras. De todas formas, vamos a romper todo el poder del enemigo y a creer en Dios para una poderosa liberación. Así que, ábrete, y baja tu guardia, baja tus defensas. Vamos a creer en Dios por una libertad significante como resultado de la revelación que estás recibiendo. Repite conmigo esta oración para comenzar con esta sección:

Padre, estoy dependiendo del conocimiento revelado en Tu Palabra. Yo sé que Tu Palabra es como un martillo que rompe en pedacitos toda resistencia que ha tenido poder para limitar e incapacitar mi vida.

Espíritu de Dios, yo sé que Tú tienes toda capacidad para enseñar y demostrar el poder de la Palabra de Dios. Y yo estoy aquí, no simplemente para desperdiciar este lugar y tiempo. Estoy aquí para entrar a caminar en una mayor libertad y llenura como ni siquiera hubiera imaginado que existiera, y que fuera posible conocer Tu dominio en mi generación. Estoy dependiendo de Tu unción para romper el yugo y remover las fuerzas de tormento y aflicción que han venido a mí a través de generaciones.

Me someto totalmente a Ti desde este momento. Yo resisto al diablo y deberá huír. Gracias por Tu conocimiento revelado en mi vida hoy. En el Nombre de Jesús. Amén.

## Las Maldiciones de Generaciones Existen y Son Reales

Las maldiciones de generaciones, ¿acaso son reales o solamente algo que tú recoges a través de tu vida? Algunos dicen, "Tú tienes el carácter de tu padre". O "Está tan loca como su madre". Nos hemos acostumbrado y aceptamos muchas características y rasgos de nuestro carácter como normales. Decimos, "así es como él es". Y ésto tal vez no sea cierto. Tal vez es así como él ha llegado a ser. Las maldiciones llegan a las personas de maneras diferentes.

Ciertas familias sufren la tragedia de divorcios múltiples. Personas de otras familias no se casan hasta que cumplen 40 o 50 años de edad, porque tienen temor a una relación. Algunas veces una maldición económica puede ser transmitida por generaciones, o algunas inseguridades profundas pasan de generación a generación. Y la mayor parte de las veces, ni siquiera nos imaginamos dónde se originaron y por qué es que estas maldiciones existen.

## ¿Qué Maldiciones Te Han Transmitido Tus Generaciones Pasadas?

Sabemos que cada uno de nosotros somos responsables de lo que hacemos, pero tal vez no seamos responsables de las causas que nos motivan a hacerlo. Nuestros antepasados nos transmitieron la maldición de la ley. Ahora, tú me puedes referir Gálatas donde dice:

> Cristo nos redimió de la maldición de la ley, hecho por nosotros maldición (porque está escrito: Maldito todo él que es colgado en un madero), para que en Cristo Jesús la bendición de Abraham alcanzase a los gentiles.
>
> (Gálatas 3:13-14)

Sí, Jesús se hizo maldición para remover la maldición de la ley. De todas formas, *si tú quieres recibir cualquier cosa que El te ha prometido en la Biblia, tú debes apropiártelo a través de acciones de fe.* Tú no recibes la verdad de la Palabra de Dios en tu vida, hasta que actúas en ello por fe. Por ejemplo, la Biblia dice, que por las heridas de Jesús tú "fuiste sanado" (1a. Pedro 2:24). Ahora, mucha gente nunca recibe su sanidad, porque fallan en tomar la verdad y apropiársela en su vida por fe. La Palabra de Dios dice:

> Ciertamente llevó El nuestras enfermedades, y sufrió nuestros dolores, y nosotros le tuvimos por azotado, herido de Dios (como con lepra) y abatido.  (Isaías 53:4 AMP)

21

Vemos que Jesús llevó todo dolor y enfermedad; sin embargo, muchos de nosotros nunca vivimos ésto, porque fallamos en actuar por fe. Lo mismo sucede con maldiciones de generaciones. Tú puedes decir, "Jesús llevó toda la maldición de la ley, para que yo no tenga que llevarla en mi vida". Bueno, pero la maldición va a permanecer en tu vida hasta que—como con cualquier otra promesa de la Palabra de Dios—tú pongas tu fe en acción.

Acaso creciste en una familia cristiana, dedicada a servir al Señor, orando siempre en el Espíritu Santo y buscando a Dios fervorosamente? Si no fue así, entonces tu familia estaba bajo maldición; y tú puedes continuar transmitiendo esas maldiciones a las generaciones futuras. Aun más, tú puedes estar desapercibido de maldición en tu vida, la cual puede venir desde hace 1000 años. Tal vez alguno de tus antepasados transmitió esa maldición porque odiaba a Dios y murió sin servirlo. Esto es algo para meditar seriamente.

Veamos lo que Moisés escribió en Deuteronomio acerca de las maldiciones, para ver si tiene aplicación en los antecedentes de tu familia.

*Pero acontecerá, si no oyeres la voz de Jehová tu Dios, para procurar cumplir todos sus mandamientos y sus estatutos que yo te intimo hoy, que vendrán sobre ti todas estas maldiciones, y te alcanzarán.*

(Deuteronomio 28:15)

Entonces Moisés enlista los tipos de maldiciones que resultan de desobedecer y no buscar al Señor. Veamos varios de ellos:

*Maldita tu canasta y tu artesa de amasar.*
(Deuteronomio 28:17)

¿Existen problemas económicos en tus antepasados?

*Y los cielos que están sobre tu cabeza serán de bronce, y la tierra que está debajo de ti, de hierro.* (Deuteronomio 28:23)

¿Acaso tus padres o abuelos vivieron en mediocridad, sin probar significantemente el éxito? ¿Puedes voltear al pasado y darte cuenta de que el cielo no les otorgó triunfos considerables? ¿Falló también la tierra en darles su fruto en su tiempo? Eso es maldición.

*Jehová te entregará derrotado delante de tus enemigos; por un camino saldrás contra ellos, y por siete caminos huirás delante de ellos; y serás vejado por todos los reinos de la tierra.*
(Deuteronomio 28:25)

Esto significa que el diablo ha arrojado multiplicadamente a estas gentes en "las batallas de la vida", y no han podido completar realización alguna. ¿Lograron tus padres llevar a cabo y completar sus sueños?

*Jehová te herirá con locura, ceguera y*

*turbación de espíritu.*
(Deuteronomio 28:28)

¿Existe acaso la maldición de enfermedades mentales en tus genealogías?

*Te desposarás con mujer, y otro varón dormirá con ella; edificarás casa, y no habitarás en ella; plantarás viña, y no la disfrutarás.*
(Deuteronomio 28:30)

¿Existe acaso divorcio en algún lugar en tu pasado? Recuerda, las maldiciones pueden llegar más allá de cuatro generaciones.

*Sacarás mucha semilla al campo, y recogerás poco, porque la langosta lo consumirá. Tendrás olivos en todo tu territorio, más no te ungirás con el aceite, porque tu aceituna se caerá.* (Deuteronomio 28:38, 40)

Las maldiciones generan grandes pérdidas económicas. ¿Acaso tus padres o tus abuelos trabajaron arduamente y, sin embargo, no pudieron disfrutar del fruto de ello?

*Hijos e hijas engendrarás, y no serán para ti, porque irán en cautiverio.*
(Deuteronomio 28:41)

Una relación familiar que no está en armonía y gozo es una maldición que tú puedes pasar a futuras generaciones.

> *Y traerá sobre ti todos los males de Egipto,*
> *delante de los cuales temiste, y no te dejarán.*
> *Asimismo toda enfermedad y toda plaga que*
> *no está escrita en libro de esta ley, Jehová la*
> *enviará sobre ti, hasta que seas destruido.*
> (Deuteronomio 28:60-61)

Distrofia muscular, asma, artritis, enfermedades del corazón, cáncer y toda clase de enfermedades genéticas pueden pasar de una generación a la siguiente. Cuando vas a visitar al médico, normalmente te preguntan si en la historia de tu familia han tenido problemas del corazón, diabetes y otras enfermedades. ¿Por qué? Estudios médicos han comprobado que tus padres pueden transmitirte genética hereditaria. La Palabra de Dios confirma que generaciones enteras pueden recibir enfermedades genéticamente.

Realidades espirituales invisibles están en acción en nuestras vidas. La ciencia médica confirma que esto es cierto. Asimismo la Psiquiatría. Cuando te realizan tu perfil psicológico, el médico pregunta por la forma de ser de tus padres. Es psicológicamente y socialmente conocido el hecho de que tú adoptarás el comportamiento y actitudes de tus padres, y que éstos a su vez, llegarán hasta tus hijos. Las maldiciones se transmiten.

*Y vendrán sobre ti todas estas maldiciones,*

*y te perseguirán, y te alcanzarán hasta que perezcas; por cuanto no habrás atendido a la voz de Jehová tu Dios, para guardar sus mandamientos y sus estatutos, que El te mandó; y serán en ti por señal y por maravilla, y en tu descendencia para siempre.*

(Deuteronomio 28:45-46)

Las maldiciones se pueden quedar en tu familia para siempre, hasta que alguien las rompe. ¡Que ése seas tú hoy mismo! Rompe todas las maldiciones en el Nombre de Jesús.

## Los Pecados Sexuales Producen Maldiciones de Generaciones

Génesis 9 trata acerca de Noé, sus hijos y su nieto Canaán. A causa de que Cam expuso la desnudez de su padre, Noé maldijo a su nieto Canaán, hijo de Cam, junto con sus generaciones. De Canaán vinieron los jebuseos, amorreos, gergeseos, heveos, araceos, y aun a los habitantes de Sodoma y Gomorra. La maldición llegó a todas las naciones en la línea de Canaán. Finalmente, Dios actuó en base a la maldición proferida en contra de los cananeos y le ordenó a Moisés primero, y también después a Josué, matarlos a todos ellos—incluyendo esposas, niños, ganado y todo aquello que tuviera vida.

Las relaciones pervertidas, homosexuales y promíscuas de nuestros antepasados abren la puerta para que las maldiciones lleguen de una generación a la siguiente. Si no es aniquilada totalmente, esa maldición que viene de previas generaciones, te alcanzará a ti, a tus hijos y a los hijos de tus hijos. Tú tienes la responsabilidad de remover la maldición cananea de tu familia completamente.

El profeta Oseas se refiere al espíritu de prostitución. Nota por favor lo serio que es ésto para Dios.

> *Fornicación, vino y mosto quitan el juicio. Mi pueblo a su ídolo de madera pregunta, y el leño le responde; porque espíritu de fornicaciones lo hizo errar, y dejaron a su Dios para fornicar. Sobre las cimas de los montes sacrificaron, e incensaron sobre los collados, debajo de las encinas, álamos y olmos que tuviesen buena sombra; por tanto, vuestras hijas fornicaran, y adulteraran vuestras nueras. No castigaré a vuestras hijas cuando forniquen, ni a vuestras nueras cuando adulteren; porque ellos mismos se van con rameras, y con malas mujeres sacrifican; por tanto, el pueblo sin entendimiento caerá.*
>
> (Oseas 4:11-14)

Aquí vemos un principio bíblico. Una vez que el espíritu de ramera está en el padre, lo transmite a la esposa y a sus hijos. Una relación de adulterio previa al matrimonio, trae el espíritu de adulterio a ese matrimonio. Como resultado la pareja produce hijos adúlteros. La promiscuidad de los padres se transmite a sus hijos.

Si acaso tú estás pensando *No puede suceder a mis hijos*, permíteme recordarte, que estas maldiciones pasan a través de todas las generaciones. Ellas no se detienen hasta que el poder de la maldición ha sido roto completamente. Ellas se detienen porque tú tomas tu lugar, y decretas, y las rompes por el poder del Espíritu Santo.

Tú necesitas informar a tus hijos cómo es que las maldiciones funcionan y hacerles saber de las maldiciones que han estado en tu familia. Hazlos suficientemente concientes para que sus defensas espirituales estén preparadas siempre, y que la llegada de esas maldiciones no se pueda dar jamás.

## Las Maldiciones Pueden Transmitirse a Través de Organizaciones

De igual manera, tu asociación o relación con una organización maldita, o con su líder, puede afectarte negativamente. Un ejemplo bíblico de ésto es Jeroboam, quien llegó a ser la cabeza de las tribus de Israel. Lean la historia de este hombre rebelde en los libros de 1a. y 2a. de Reyes, y 1a. y 2a. de Crónicas.

Como rey y líder de su organización, Jeroboam creó una atmósfera de maldición, en la cual toda la nación cayó presa. El edificó altares paganos. Hizo que Israel sacrificara a dioses falsos; y escogió el peor tipo de gente para colocarlos como sacerdotes, en lugar de los levitas que Dios había ordenado. Las motivaciones malvadas de Jeroboam lo llevaron a promover gente para su propio beneficio en el reino. El se rebeló en contra de aquellos que estaban en una relación correcta con Dios. Jeroboam mantuvo su posición de influencia, requiriendo a los israelitas que sacrificaran a dioses paganos, en vez de sacrificar al Unico Dios. Esto es una maldición de una organización.

La maldición en la línea de Jeroboam corrió por cuatro generaciones; y en la cuarta generación, si no había un sacrificio de sangre que detuviera el pecado, podría seguir por otras cuatro generaciones. Adoración rebelde a dioses paganos, falso liderazgo, y el falso sacerdocio abundaron. Si tú lees en 2a. Reyes 15:9, 18, 24, 28, verás que cada hombre mencionado cayó en su propia maldición:

> *E hizo lo malo ante los ojos de Jehová, como habían hecho sus padres; no se apartó de los pecados de Jeroboam, hijo de Nabat, el que hizo pecar a Israel.* (2a. Reyes 15:9)

Cuando una persona con naturaleza rebelde comienza una iglesia, ese espíritu de rebelión se transmite a la congregación. Una señal de ésto es la promoción de gente al ministerio a través del provecho personal del pastor, en lugar de ser por ordenación divina.

Por el otro lado, si un pastor comienza una iglesia basada en la revelación de nuestro Señor

Jesucristo—en un llamamiento definitivo—como Dios mismo lo propuso, entonces la ordenación de Dios imparte el poder y la vida del Espíritu Santo hacia esa congregación.

Siempre, antes de unirte a una iglesia u organización, analiza su origen para darte cuenta si ha sido bendecida o maldecida. *Este es un precepto fundamental; en todo aquello en lo cual extiendas tu mano para realizar, examina su origen, y no solo lo que parece evidente.*

Existe una gran diferencia entre el origen y la apariencia. Conoce el espíritu que está detrás de toda operación.

## Humanismo—El Arma de la Carne

Muchos de nosotros hemos crecido en un ambiente lleno de humanismo. Yo creo que hoy en día todo nuestro sistema educacional está intentando persuadir a nuestra juventud a separarse de Dios y poner su confianza en el humanismo secular, el cual produce ética condicional. Los humanistas están enseñando a nuestros jóvenes a establecer sus propios estándares de ética para aquello que es verdadero, válido y correcto; en lugar de fundamentarse en principios bíblicos seguros.

La sociedad nos ha enseñado a confiar en las habilidades del hombre y en las oportunidades creadas por el hombre mismo. Pero estas creencias han creado maldiciones sobre nosotros. En lugar de confiar en la verdad de la Palabra de

Dios, hemos confiado en la sabiduría humana. Hemos permitido que nuestra confianza se distorcione del claro entendimiento de la Palabra de Dios.

## "La Enseñanza del Desierto": Una Maldición

En el libro de Jeremías, vemos el efecto de una maldición sobre una persona que confiaba en el hombre.

> *Así ha dicho Jehová: Maldito el varón que confía en el hombre, y pone carne por su brazo, y su corazón se aparta de Jehová. Será como la retama en el desierto, y no verá cuando viene el bien, sino que morará en los sequedales en el desierto, en tierra despoblada y deshabitada.* (Jeremías 17:5-6)

¿Alguna vez has escuchado una "enseñanza desiértica"? Suena así más o menos: "Bueno, hermano, estos problemas que tú tienes significan que tú estás atravesando un desierto en tu vida. Todos pasamos diferentes etapas en el desierto. Y está bien, sólo confía que algún día saldrás de ahí".

A causa de que hemos aprendido a confiar en nosotros mismos, o en el "brazo de nuestra carne", adoptamos una mentalidad de maldición, y creemos que estar en el desierto es lo más normal. ¿Te das cuenta de que la enseñanza del desierto no forma parte del Nuevo Testamento? Así que, ¿qué clase

de enseñanza estás escuchando? ¡Maldiciones!
Cómo ves, aquellos de nosotros que conocemos la
revelación de Jesucristo no deberíamos pasar por
ningún desierto. Jesús dijo:

> *Pero cuando venga el Espíritu de verdad, El*
> *os guiará a toda verdad; porque no hablará*
> *de su propia cuenta, sino que hablará todo*
> *lo que oyere, y os hará saber las cosas que*
> *habrán de venir.* (Juan 16:13)

Tú tienes al Espíritu Santo para ayudarte a
salir de todo desierto.

El sexto versículo en Jeremías 17 continúa
refiriéndose al "varón que confía en el hombre".
La Palabra dice que él:

> *...morará en los sequedales en el desierto, en*
> *tierra despoblada y deshabitada.*
> (Jeremías 17:6)

Ahora, todos sabemos que no es posible plantar o cosechar en una tierra llena de sal. Carece
totalmente de vida, y no hay quien pueda vivir
ahí jamás. De la misma manera, una maldición, si
te llega a afectar, te aparta de la bendición. Aparta
de ti la capacidad de tener una vida productiva.
Nunca más tienes la motivación y deseo de plantar y cosechar.

Por el otro lado, los siguientes dos versículos en Jeremías 17 nos dicen cómo vivir una vida
bendecida:

> *Bendito el varón que confía en Jehová, y cuya confianza es Jehová. Porque será como el árbol plantado junto a las aguas, que junto a la corriente echará sus raíces, y no verá cuando viene el calor, sino que su hoja estará verde; y en el año de sequía no se fatigará, ni dejará de dar fruto.* (Jeremías 17:7-8)

¿Dime cuál prefieres tú? Una vida miserable en la tierra salada del desierto, o una vida bendecida, fructífera, junto a las aguas? Es tu decisión. *Tú* escoges confiar en ti mismo y en los caminos del hombre o confiar en el Señor. Por mí y por mi casa, ¡nosotros confiaremos en el Señor!

# El Espíritu o Motivo detrás de las Maldiciones

## Influencia Satánica

La iglesia debiera ser la más responsable entidad que existe sobre la faz de la tierra; pero la realidad es que Satanás ha traído vergüenza al pueblo del pacto divino desde la misma creación. El siempre ha despreciado y detestado todo aquello que Dios honra. El mundo hoy día se burla de la santidad del matrimonio, de los valores cristianos involucrados en el corregir a los niños en sus traseros y del asistir a la iglesia. Bajo la influencia satánica, hombres y mujeres hablan palabras salidas de una voluntad enfermiza, para reducir y minimizar la creación de Dios. De todas formas, la gente se maldice a sí misma cuando ellos hablan palabras—o aun cuando tienen pensamientos, motivaciones o acciones—contra Dios y sus valores tales como el matrimonio, hijos y la iglesia por la cual Jesús murió. Cualquiera que hable en contra de las promesas de Dios se convierte en una persona maldita.

Por ejemplo, vamos a estudiar la influencia satánica que operó en la historia de David y Goliat. Leemos en el 1er. libro de Samuel.

> *Entonces habló David a los que estaban junto a él, diciendo: ¿Qué harán al hombre que venciere a este filisteo, y quitaré el oprobio de Israel? Porque ¿quién es este filisteo incircunciso, para que provoque a los escuadrones del Dios viviente?* (1a. Samuel 17:26)

Cuando alguien te reprocha algo, te mira con desprecio, deshonor y con falta de respeto. David entendió que Dios pretendía que las naciones de la tierra honraran y respetaran a Israel. David no iba tras Goliat solamente. El sinceramente quería remover el reproche que estaba sobre el pueblo de Israel, pero Goliat era el único obstáculo para ello. Veamos lo que David hizo a continuación:

> *Y tomó su callado en su mano, y escogió cinco piedras lisas del arroyo, y las puso en el saco pastoril, en el zurrón que traía, y tomó su honda en su mano, y se fue hacia el filisteo. Y el filisteo venía andando y acercándose a*

*David, y su escudero delante de él, y cuando el filisteo miró y vio a David, le tuvo en poco; porque era muchacho, y rubio, y de hermoso parecer. Y dijo el filisteo a David: ¿soy yo perro, para que vengas a mí con palos? Y maldijo a David por sus dioses. Dijo luego el filisteo a David: ven a mí, y daré tu carne a las aves del cielo y a las bestias del campo. Entonces dijo David al filisteo: Tú vienes a mí con espada y lanza y jabalina; mas yo vengo a ti en el Nombre de Jehová de los ejércitos, el Dios de los escuadrones de Israel, a quien tú has provocado. Jehová te entregará hoy en mi mano, y yo te venceré, y te cortaré la cabeza, y daré hoy los cuerpos de los filisteos a las aves del cielo y a las bestias de la tierra; y toda la tierra sabrá que hay Dios en Israel. Y sabrá toda esta congregación que Jehová no salva con espada y con lanza; porque de Jehová es la batalla, y El os entregará en nuestras manos.* (1a. Samuel 17:40-47)

Goliat, bajo influencia satánica, maldijo a David por los dioses, o demonios, a quien él y su nación servían. (La palabra *demonio* significa *"un ser que conoce".*) Cuando una persona habla bajo la influencia de un espíritu demoníaco, él está soltando la fuerza y poder destructivo de ese demonio.

Entonces tomó lugar una lucha de confianzas. Goliat maldijo a David por los seres en quien él y su nación tenían confianza. David estaba en pacto con el Señor de los ejércitos, el Dios de los ejércitos de Israel; él conocía en quien había confiado y creído. David también sabía que los filisteos aborrecían su confianza en Dios. Diferente a Goliat, la mentalidad de David no era una mentalidad de maldición que confiaba en el brazo de la carne. ¡Su mentalidad de bendición confiaba en el brazo del Señor mismo!

Conocemos el desenlace de la historia—David arrojó su piedra, derribó a Goliat, y le cortó la cabeza con su propia espada. Este combate no fue de orgullo; fue un combate lleno de confianza y reconocimiento de aquellas cosas que Dios honra.

Otro ejemplo de influencia satánica es Jezabel, quien adoraba al falso dios Baal. Casada con Acab, el rey de Israel, ella tenía gran influencia y autoridad sobre el profeta Elías. Ahora, Elías había matado los profetas de Baal en un duelo en el cual probó que el de ellos era un dios falso y que el Señor Dios de Israel era el único Dios verdadero.

> *Acab dió a Jezabel la nueva de todo lo que Elías había hecho, y de cómo había matado a espada a todos los profetas. Entonces envió Jezabel a Elías un mensajero, diciendo: Así me hagan los dioses, y aun me añadan, si mañana a estas horas yo no he puesto tu persona como la de uno de ellos. Viendo, pues,*

*el peligro, se levantó y se fue para salvar su*
*vida, y vino a Beerseba, que está en Judá, y*
*dejó allí a su criado.* (1a. Reyes 19:1-3)

Aquí, vemos a Elías que se puso todo nervioso y corrió por su vida. *Una maldición, a través de la operación satánica, puede, en ocasiones, debilitar la más intensa fuerza de la gente de Dios.* Necesitamos entender las maldiciones satánicas y de dónde se originan.

Aunque no sea a través de un Goliat, o de una esposa pagana de un rey, hoy en día, las maldiciones pueden venir de influencias satánicas tales como médicos brujos, magia blanca y magia negra, mediums, lectores de la palma de la mano, cartas de tarot, adivinadores, cartas del zodíaco y todos aquellos que comunican con espíritus demoníacos. Cuando estas gentes declaran sus predicciones sobre de ti, o tú las lees, sus maldiciones son lanzadas en contra de ti.

Algunas veces, naciones enteras están entregadas a los poderes y operaciones satánicas de idolatría y brujería. Por ejemplo, Brasil tiene plantas industriales que se dedican a manufacturar amuletos religiosos, sobre los cuales son pronunciadas maldiciones antes de ser exportados para su venta hacia los Estados Unidos. Ellos esconden sus propósitos de esparcir enfermedades, males y tormento. Entonces, aquellas personas que compran estos amuletos, sin saberlo, se están infectando con diferentes maldiciones.

Yo he realizado cruzadas en muchos países alrededor del mundo. Una occasión en Panamá, yo tuve que pasar la noche en la choza de un médico brujo, por ser el único lugar disponible para alojamiento. Este brujo tenía una pequeña fogata ardiendo. El permaneció despierto toda la noche, conjurando maldiciones y arrojando humo sobre de mí y de aquellos que estaban conmigo para que muriéramos antes del amanecer. El aun conjuró para que vinieran ratas a correr por toda la choza. Cuando mis compañeros me despertaron, preguntándome qué es lo que íbamos a hacer, yo les contesté que yo ya había orado, y que ellos debían irse a dormir. Les dije, "Este tipo va a perder toda esta noche de su sueño. Ustedes necesitan estar despiertos y alertas mañana, porque vamos a ganar todo este lugar para el Señor". ¡Y realmente lo ganamos!

Otra noche, yo estaba en una cruzada en Nigeria con mi hija de 9 años de edad y algunos otros; habíamos tenido un impacto muy significativo en la ciudad. Un médico brujo, con una sábana sobre su cabeza, vino a mi habitación y sopló sus encantamientos de humo y maldiciones, asustando a mi hija. En el Nombre de Jesús, tomamos autoridad sobre el espíritu demoníaco en él, y él tuvo que salir huyendo.

Cuando yo era pequeño, mi madre me llevó con mediums, quienes invocaron maldiciones sobre de mí. Años después, cuando yo recordé ésto, yo me dí cuenta de que yo necesitaba ser liberado de estas maldiciones; yo no quería que ellas controlaran mi vida. En el Nombre de Jesús rompimos esas maldiciones de mi vida.

Además de la actividad demoníaca, ¿cuáles son las otras razones por las cuales las maldiciones entran a nuestras vidas? A continuación vamos a examinar varias motivaciones muy comunes que impulsan a la gente a maldecirnos.

## El Orgullo Del Hombre

*El malo, por la altivez de su rostro, no busca a Dios; no hay Dios en ninguno de sus pensamientos. Sus caminos son torcidos en todo tiempo; tus juicios los tiene muy lejos de su vista; a todos sus adversarios desprecia. Dice en su corazón: no seré movido jamás; nunca me alcanzará el infortunio. Llena está su boca de maldición, y de engaños, y de fraude; debajo de su lengua hay vejación y maldad.*

(Salmo 10:4-7)

Las maldiciones vienen del área del orgullo. Una persona orgullosa cree que puede hacerlo todo basado en su propia fuerza, en lugar de hacerlo en el poder del Señor. Pone su confianza en la carne, y por consiguiente, se maldice a sí mismo. Es un tonto aquel que dice, "Nunca voy a pasar por dificultades en esta vida", como si su sola confianza en sí mismo lo pudiera guardar. Personas que están infatuadas con orgullo van a maldecir. ¿Por qué? Es porque el orgullo tiene que menospreciar a alguien a fin de poder subsistir. El orgullo siempre devalora para poder elevarse a sí mismo. Si tú te entrometes en el camino de una persona orgullosa, él va a tratar de hacerte menos, a fin de que él pueda exaltarse.

## Amargura, Envidia Y Contienda

Leemos en el libro de Santiago:

*¿Quién es sabio y entendido entre vosotros? Muestre por la buena conducta sus obras en sabia mansedumbre. Pero si tenéis celos amargos y contención en vuestro corazón, no os jactéis, ni mintáis contra la verdad; porque esta sabiduría no es la que desciende de lo alto, sino terrenal, animal, diabólica.*

(Santiago 3:13-15)

La raíz de la palabra *amargura* significa "querer cortar o romper". Cuando una semilla o raíz de amargura está en una persona, él anhelará herirte, para así justificar su propio dolor. Alguien que está amargo y herido posee un deseo de cortar. Sus palabras, entonces, no son amables, cariñosas, o amorosas. Por el contrario, él habla para rebanar, cortar y traspasar a otros, porque él debe inflingir daño, a fin de poder justificar su propio dolor.

La envidia es un rival contencioso. Cuando alguien te tiene envidia, siente que tú ya le llevas ventaja, y que él se ha quedado rezagado. Siempre va a sentir que está en competencia contigo.

El contiende con todo lo que tú eres y con todo lo que tú posees de Dios. Una persona envidiosa te maldice con sus palabras, pensamientos, así como con sus acciones.

*Contienda* significa "estar en desigualdad con". Al interpretarlo literalmente, significa, "el deseo de colocarse uno por delante". Una palabra proveniente de la traducción en griego concerniente a *contienda* da el significado de *postulación*, lo cual es la acción de un candidato de un partido político en una elección. Todos sabemos que para asegurar votos, un candidato deshonesto va a prometer concesiones especiales o posiciones especiales a determinadas personas. Algunas iglesias han comenzado la contienda cuando los líderes han prometido posiciones a las gentes, abriendo con ésto las puertas a espíritus de división.

Una persona que se postula para ganar favor personal, se ubica en estado de contienda. Se convierte también en un maldiciente—o sea, alguien que habla mentiras, engaño y odio. Amargura, envidia y contienda llenan su vida. Este tipo de persona va a influenciar negativamente a otros que están alrededor de él a través de su inestabilidad y confusión. A menudo tergiversa la Palabra de Dios a causa de sus propios motivos. Existe confusión en toda su obra malvada y un estado de desorden en su vida.

*Porque donde hay celos y contensión, allí hay perturbación y toda obra perversa.*

(Santiago 3:16)

## Maldad, Engaño, Mentiras y Odio

*Porque boca de impío y boca de engañador se han abierto contra mí; han hablado de mí con lengua mentirosa; con palabras de odio me han rodeado, y pelearon contra mí sin causa. Amó la maldición, y ésta le sobrevino; y no quiso la bendición, y ella se alejó de él. Se vistió de maldición como de su vestido, y entró como agua en sus entrañas, y como aceite en sus huesos. Séale como vestido con que se cubra, y en lugar de cinto con que se ciña siempre. Sea éste el pago de parte de Jehová a los que me calumnian, y a los que hablan mal contra mi alma.* (Salmo 109:2-3, 17-20)

Este salmo describe a aquellos que se solazan haciendo mentiras. Su odio les motiva a hablar palabras de una voluntad enferma, daño y destrucción para las vidas de otros. Ellos se maldicen a sí mismos con sus propias motivaciones engañosas. Si tú les hablas con la verdad, no quieren escucharla. Prefieren creer a sus mentiras y aferrarse a su voluntad enfermiza, junto con sus dañinas invocaciones.

Antes de que escuches y consientas con cualquier palabra de desprecio, primero busca la verdad, porque de otra manera, esas palabras de maldición pueden regresar a tu vida.

## ¿Palabras De Bendición y Maldición?

*Pero ningún hombre puede domar la lengua,*

*que es un mal que no puede ser refrenado, llena de veneno mortal. Con ella bendecimos al Dios y Padre, y con ella maldecimos a los hombres, que están hechos a la semejanza de Dios. De una misma boca proceden bendición y maldición. Hermanos míos, ésto no debe ser así. ¿Acaso alguna fuente echa por una misma abertura agua dulce y amarga? Hermanos míos, ¿puede acaso la higuera producir aceitunas, o la vid higos? Así también ninguna fuente puede dar agua salada y dulce.* (Santiago 3:8-12)

Dios no puede bendecir a aquellos que maldicen a otros. Una persona bendecida no profiere maldiciones, o trata de menospreciar a otros para tratar de elevarse a sí mismo. No tiene ningún deseo de cortar, herir, o de inflingir dolor. Una persona que habla maldiciones es jactanciosa de sí mismo; establece sus propios parámetros de verdad, nulifica la Palabra de Dios, y desafortunadamente, guía a otros al engaño demoníaco.

La siguiente oración te ayudará a identificar y remover palabras de maldición que otros hayan hablado sobre tu vida.

Padre, yo renuncio a mi confianza en la carne, porque mi confianza es solamente en Ti. Yo no caeré preso de motivaciones de postulación.

En el Nombre de Jesús yo le ordeno a toda palabra demoníaca de maldición y a todo consentimiento de mi parte con palabras de destrucción doblegarse. Yo les ordeno que suelten todo vínculo que tengan con mi vida ahora mismo. Yo ordeno a esas palabras de maldición, "regresen contra aquellos que las hablaron". Esas palabras carecen de vida. Por el poder de la sangre de Jesús, yo ordeno y decreto que toda maldición genética y de organización están rotas en mí y en mi familia.

Yo confieso que de ahora en adelante, de mi boca sólo saldrá bendición y no maldición. Con mi lengua yo te bendigo, Padre, y Te doy solo a Ti, todo el honor y toda la gloria. En el Nombre de Jesús. Amén.

# 2
# Rompe Todas las Maldiciones de Tu Vida

¿Acaso ya has podido reconocer causas de maldiciones que han roto tu comunión con Dios, y te han impedido moverte en Su bendición de una manera permanente y consistente? ¿Acaso te encuentras en una situación en que tú debes justificarte y excusarte con otros, debido a que sabes acerca de maldiciones que están actuando en tu contra? Sin embargo, la verdadera pregunta en este momento es: ¿Cómo estás manejando esa maldición que está afectando tu vida? ¿Qué es lo que haces si te encuentras a alguien que te está maldiciendo?

## Perdona a Esa Persona

### Nuestra Lucha No Es Contra Hombres

Primeramente, tú debes reconocer que no estás luchando contra carne y sangre humana. Tu batalla no es contra la gente. Es en contra de tu enemigo espiritual, el diablo. Pablo escribió:

*Porque no tenemos lucha contra carne y sangre, sino contra principados, contra potestades, contra los gobernadores de las tinieblas de este siglo, contra huestes espirituales de maldad en las regiones celestes.*

(Efesios 6:12)

Date cuenta que tú estás en una "batalla de palabras", y no en una "batalla personal". Tú no estás tratando con gente. Aunque aparentemente estés interactuando físicamente con un padre, esposo, amigo, o alguien más, debes entender que tú realmente estás contendiendo con el enemigo espiritual que está actuando a través de ellos.

No trates de pelear con la gente que te está hablando palabras negativas. Dios tiene una ley actuando, que se encargará de ellos. Lo que tú tienes que hacer es protegerte y dejar que Dios se ocupe del resto.

*Nuestra alma escapó cual ave del lazo de los cazadores; se rompió el lazo, y escapamos nosotros. Nuestro socorro está en el Nombre de Jehová, que hizo el cielo y la tierra.*

(Salmo 124:7-8)

¡Dios es el que libra a Su gente!

## Juzga A Cada Persona Como Muerta En Cristo

Tú necesitas juzgar a cada persona como muerta en Cristo. ¿Pero cómo?

*Porque el amor de Cristo nos contriñe, pensando ésto; que si uno murió por todos, luego todos murieron; Y por todos murió, para que los que viven, ya no vivan para sí, sino para aquel que murió y resucitó por ellos. De manera, que nosotros de aquí en adelante a nadie conocemos según la carne; y aun si a Cristo conocimos según la carne, ya no lo conocemos así.* (2a. Corintios 5:14-16)

Tú necesitas juzgar el hecho de que, cuando Jesús murió, El murió con cada hombre en El y como resultado de esto, todos están muertos en Cristo. Ya sea salvos o no salvos, Jesús murió por todos los hombres. Este es el amor de Dios, y El nos llama a que amemos a todo hombre—aun aquellos que nos maldicen.

Tú debes ver a toda la gente con los ojos de amor de Dios. Este entendimiento mantendrá tu corazón tierno y sensitivo en tus relaciones con otros seres humanos. De otra manera, tú te endurecerás y crearás una callosidad moral, no solo hacia otra gente, sino aun hacia Dios mismo.

## Perdona en el Nombre y en la Persona de Jesús

Debes perdonar a la persona que te ha maldecido, no porque seas fuerte o suficientemente grande para hacerlo, pero a causa de que tú entiendes el plan del enemigo. Date cuenta de que el hombre en sí y por sí mismo no sabe realmente lo que está haciendo. Recuerda lo que Esteban hizo cuando esos hombres corrieron hacia él, "aun apretando sus dientes" para matarle:

*Y puesto de rodillas, clamó a gran voz: Señor, no les tomes en cuenta este pecado.*
(Hechos 7:60)

Esteban repitió las palabras de Jesús cuando El fue colgado en la cruz:

*Padre, perdónalos, porque no saben lo que hacen.* (Lucas 23:34)

Te ayudará recordar el hecho de que la gente no reconoce las influencias debajo de las cuales opera. Son como ovejas ciegas, sin saber lo que está sucediendo, sino simplemente siguiendo a pastores ciegos. Pablo escribió:

*Y al que vosotros perdonáis, yo también; porque también yo lo que he perdonado, si algo he perdonado, por vosotros lo he hecho en presencia de Cristo, para que Satanás no gane ventaja alguna sobre nosotros; pues no ignoramos sus maquinaciones.*
(2a. Corintios 2:10-11)

*Seguid la paz con todos, y la santidad, sin la cual nadie verá al Señor. Mirad bien, no sea que alguno deje de alcanzar la gracia de Dios; que brotando alguna raíz de amargura, os estorbe, y por ella muchos sean contaminados.* (Hebreos 12:14-15)

¿Qué es lo que Pablo quizo decir con estos dos pasajes de la escritura? Si tú alojas amargura y además permites que tome raíces en tu vida, va a ejercer influencia sobre ti y sobre gente en derredor de ti. Como ves, si la gente no sabe cómo contender con las palabras, ellos también, se vuelven amargos cuando escuchan otra gente hablando negativamente de otros. Por el otro lado, si tú perdonas, tu perdón va a crear una paz y una libertad en todo tu medio ambiente.

Entiende que tú no puedes perdonar en tu propia habilidad grande y llena de gracia. Tú tienes que perdonar a la persona en el Nombre de Jesús y por fe solamente. Jesús te ha perdonado; y a través del poder de Su Sangre limpiadora, tú puedes perdonar a otros, "para que Satanás no tome ventaja" sobre de ti.

¿Qué pasa si Satanás toma la ventaja? Las maldiciones llegan. Recuerda, una maldición sin que tenga ventaja (sin causa) no vendrá; pero si le otorgas la ventaja, llegará. Una maldición no puede tomar la ventaja si tú te mantienes bajo la Sangre de Jesús y obedientemente perdonas a otros.

Cuando alguien nos lastima, nuestra carne quiere "ojo por ojo, y diente por diente" (Mateo 5:38). De todas formas, Jesús nos enseñó a perdonar, llevar las cargas de otros, y a ser sufridos con toda persona a nuestro derredor. No estamos para juzgar, ni para albergar voluntad enferma, o condenar, o siquiera pensar en acusaciones malignas.

## Perdona y No Juzgues

Mateo refiere las palabras de Jesús acerca de la ley del perdón en el capítulo 18, versículo 21-35. Aquí, Jesús relata una historia acerca de un sirviente que estuvo rogando al rey para que le fuera perdonada una deuda que tenía. El rey tuvo compasión del siervo y consintió en perdonarlo. Después, de todos modos, este mismo sirviente rehusó perdonar a otro que a su vez le debía a él. Cuando el rey descubrió estos dobles valores de su sirviente, le reconsideró la deuda y además lo mandó "con los tormentadores". Jesús nos advierte:

*Así también mi Padre Celestial hará con vosotros si no perdonáis de todo corazón cada uno a su hermano sus ofensas.*

(Mateo 18:35)

Como puedes ver, tú te colocas en una posición muy peligrosa si no perdonas cada vez que una maldición es hablada en tu contra. Si tú rehusas perdonar a otros, tú vivirás en tormento, y Dios no te perdonará a ti. Jesús también dijo:

*Porque si perdonáis a los hombres sus ofensas, os perdonará también a vosotros vuestro Padre Celestial. Mas si no perdonáis a los hombres sus ofensas, tampoco vuestro Padre os perdonará vuestras ofensas.*

(Mateo 6:14-15)

*No juzguéis, y no seréis juzgados; no*

*condenéis, y no seréis condenados; perdonad,*
*y seréis perdonados.* (Lucas 6:37)

Aquí, no sólo Jesús nos enseñó a perdonar, pero también nos instruyó para que no juzguemos a otros. De otra manera, El mismo nos juzgará a nosotros. Pablo reitera esto en su carta a los Romanos:

*Por lo cual eres inexcusable, quienquiera que*
*seas tú que juzgas; pues en lo que juzgas a*
*otro, te condenas a ti mismo, porque tú que*
*juzgas haces lo mismo.* (Romanos 2:1)

Es muy común encontrar que aquel que juzga a otro individuo, es culpable de lo mismo que juzga al otro.

Tú te acarreas maldición sobre de ti, cuando tú juzgas a otros y rehusas perdonar.

## ¡Arrepiéntete de Tus Propias Palabras Malvadas!

Si alguien te ha maltratado, abusado, o maldecido, es muy probabl, que tú, a cambio, lo has juzgado y has hablado negativamente acerca de la manera injustificada en que te atacó. Esto es muy común, pero muy peligroso. Trata de no caer en la misma trampa en que se encuentra tu acusador. Si tú no has hecho nada para justificar ese maltrato, el diablo va a buscar tentarte para que caigas respondiendo equivocadamente.

Si acaso has hecho esto, toma la espada—La Palabra de Dios—y ordénate a ti mismo ser libre de tus propias palabras; de otra manera, van a caer sobre tu propia cabeza. (Vamos a estudiar esto en detalle más adelante). Entonces, arrepiéntete por las palabras malas que hayas hablado en contra de la otra persona. Reconoce que a menos que te arrepientas, vas a comer tus propias palabras y a causar tu propia muerte. Recuerda el versículo que estudiamos anteriormente:

*La muerte y la vida están en poder de la lengua, y el que la ama comerá de sus frutos.* (Proverbios 18:21)

Vé con aquellos contra quienes o de quienes has hablado palabras malas, y discúlpate con ellos. Decide que tú nunca más hablarás mal contra de nadie, no importando las circunstancias. Y pídeles a los otros que traten de hacer lo mismo en tu presencia. Juan escribió:

*Si confesamos nuestros pecados, El es fiel y justo para perdonar nuestros pecados, y limpiarnos de toda maldad.* (1a. Juan 1:9)

*La manera correcta de arrepentirte es mantener firme tu declaración.* Arrepentimiento no es sólo sentirse triste y remordido por tu pecado. También, significa darte la vuelta por completo de tu pecado. Esto, simplemente significa que tú ya no lo harás más. En cambio, tú obedecerás la Palabra. Y cuando tú hagas esto, Dios te limpiará de tu pecado:

*Pero si andamos en luz, como El está en luz, tenemos comunión unos con otros, y la Sangre de Jesucristo Su Hijo nos limpia de todo pecado.* (1a. Juan 1:7)

## Rompe la Maldición

Hemos tratado el tema de que tú tienes que arrepentirte y perdonar a la persona, reconociendo que él no es la *causa*. La maldición está viniendo *por medio de él, pero de parte del enemigo.* Ahora, tú debes romper el poder de las palabras de la maldición. ¿Y cómo puedes hacer esto?

Existen tres acciones bíblicas que pueden romper el poder de las maldiciones: el sacrificio de la sangre, intercesión y actuar en la Palabra de Dios.

### La Sangre Detiene la Maldición

Consideremos el ejemplo de David:

*Pero Satanás se levantó contra Israel, e incitó a David a que hiciese censo de Israel.*
(1a. Crónicas 21:1)

¿Acaso te das cuenta que él puede levantarse en contra de ti hoy día, o que tal vez él provocó a tu bisabuelo a rebelarse en contra del reino de Dios? Y eso pudo ser, porque él sabía el propósito que tú tenías en la generación actual. Si tú has tenido una experiencia infernal tratando de venir a la obediencia y servicio del Señor, esto se puede deber a que Satanás tomó acciones en contra tuya desde tus antepasados.

> *Y dijo David a Joab y a los príncipes del pueblo; Id, haced censo de Israel desde Beerseba hasta Dan, e informadme sobre el número de ellos para que yo lo sepa. Y dijo Joab: añada Jehová a su pueblo cien veces más, rey, señor mío; ¿no son todos éstos siervos de mi señor? ¿Para qué procura mi señor esto, que será para pecado a Israel?*
> (1a. Crónicas 21:2-3)

Recuerda, para que venga una maldición, se requiere que haya alguien que lo haya permitido. Satanás sabía que él podía tener entrada en el pueblo de Dios, si él podía engañar a David para que pecara. David condescendió y desobedeció al Señor.

> *Así Jehová envió una peste en Israel, y murieron de Israel setenta mil hombres.*
> (1a. Crónicas 21:14)

Mira las consecuencias aquí. ¡Un solo hombre causó la muerte de 70,000 gentes!

> *Y dijo David a Dios: ¿No soy yo él que hizo contar el pueblo? Yo mismo soy él que pequé, y ciertamente he hecho mal; pero estas ovejas, ¿qué han hecho? Jehová Dios mío, sea ahora*

*Tu mano contra mí, y contra la casa de mi*
*padre, y no venga la peste sobre tu pueblo.*
(1a. Crónicas 21:17)

A medida que transcurre la historia, Dios le da tres opciones a David; y David escoge la que tiene que ver directamente con Dios. Y como El ordenó, David se va a Ornán.

*Y viniendo David a Ornán, miró Ornán, y*
*vió a David; y saliendo de la era, se postró*
*en tierra ante David. Entonces dijo David a*
*Ornán: Dame este lugar de la era, para que*
*edifique un altar a Jehová; dámelo por su*
*cabal precio, para que cese la mortandad en*
*el pueblo.*        (1a. Crónicas 21:21-22)

David entendió el pacto de sangre. Y a causa de que la sangre con toda seguridad detiene las maldiciones, David quería derramar la sangre de un animal en sacrificio al Señor. Hoy día, la Sangre de Jesús derramada en el monte Calvario, al apropiárnosla en fe, detiene permanentemente la maldición del pecado sobre nosotros.

*Y Ornán respondió a David: Tómala para ti,*
*y haga mi señor el rey lo que bien le parezca;*
*y aun los bueyes daré para el holocausto, y*
*los trillos para leña, y trigo para la ofrenda;*
*yo lo doy todo.*        (1a. Crónicas 21:23)

Esto es muy importante. Por favor, entiende bien lo que significa este versículo. Ornán no quería que David llevara la responsabilidad de su propia maldición. Vemos el mismo problema hoy en día. Muchos individuos muy bien intencionados quieren que otros lleven la responsabilidad de romper las maldiciones por ellos. Muchos les preguntan a otros: ¿"Lo podrías hacer tú por mí, por favor"? ¡No! !No es así cómo rompes la maldición! Aquí vemos cómo David entendió que tenía que hacerlo *él mismo*.

> *Entonces el rey David dijo a Ornán; No, sino que efectivamente la compraré por su justo precio; porque no tomaré para Jehová lo que es tuyo, ni sacrificaré holocausto que nada me cueste. Y dio David a Ornán por aquel lugar el peso de seiscientos siclos de oro. Y edificó allí David un altar a Jehová, en el que ofreció holocaustos y ofrendas de paz, e invocó a Jehová, quien le respondió por fuego desde los cielos en el altar del holocausto. Entonces Jehová habló al ángel, y éste volvió su espada a la vaina.* (1a. Crónicas 21:24-27)

David derramó la sangre y Dios intervino. Una manera de librarte de la maldición es a través de la declaración de sangre.

## La Intercesión Detiene La Maldición

La siguiente forma de librarse de la maldición es por medio de la intercesión. En Números 14, leemos que Moisés intercedió en el desierto y detuvo la maldición de los hijos de Israel para que no pasara a sus hijos.

Recuerda que en el capítulo anterior (13), Moisés había mandado doce hombres "para que espiaran la tierra de Canaán" (v. 17). En lugar de creer en el buen reporte que traían Caleb y Josué, la gente aceptó los reportes malos de los otros diez espías. Por lo tanto, Dios no permitió a los hijos de Israel que pasaran a la tierra prometida.

> *Y Jehová mandó a Moisés: ¿Hasta cuándo me ha de irritar este pueblo? ¿Hasta cuándo no me creerán, con todas las señales que he hecho en medio de ellos? Yo los heriré de mortandad y los destruiré, y a ti te pondré sobre gente más grande y más fuerte que ellos.*
> (Números 14:11-12)

Dios estaba a punto de destruir toda esa raza, incluyendo a los niños, para que de Moisés viniera una nueva generación, la cual pudiera entrar a la Tierra Prometida.

Recuerda que la maldición tiene el derecho de pasar todas las generaciones. Así que, Dios ya había decidido detener la maldición a través de matar a esa gente maldita.

De cualquier manera, Moisés se levantó en medio para interceder por la nación de Israel.

> *Pero Moisés respondió a Jehová: Lo oirán luego los egipcios, porque de en medio de ellos sacaste a este pueblo con Tu poder; y lo dirán a los habitantes de esta tierra, los cuales han oído que Tú, oh Jehová, estabas en medio de*

*este pueblo, que cara a cara aparecías Tú, oh Jehová, y que tu nube estaba sobre ellos, y que de día ibas delante de ellos en columna de nube, y de noche en columna de fuego; y que has hecho morir a este pueblo como un solo hombre; y las gentes que hubieren oído tu fama hablarán, diciendo; por cuanto no pudo Jehová meter a este pueblo en la tierra de la cual les había jurado, los mató en el desierto. Ahora, pues, yo te ruego que sea magnificado el poder del Señor, como lo hablaste, diciendo Jehová, tardo para la ira y grande en misericordia, que perdona la iniquidad y la rebelión, aunque de ningún modo tendrá por inocente al culpable; que visita la maldad de los padres sobre los hijos hasta los terceros y hasta los cuartos. Perdona ahora la iniquidad de este pueblo según la grandeza de Tu misericordia, y como has perdonado a este pueblo desde Egipto hasta aquí. Entonces Jehová dijo: Yo lo he perdonado conforme a tu dicho.*

(Números 14:13-20)

La gente maldita no pueden interceder por ellos mismos, y asimismo, Dios no puede usar un individuo maldito para traer liberación a alguien más. Solo el Espíritu de Dios puede interceder por la gente maldita. Y a causa de que Moisés, bajo el poder del Espíritu Santo, intercedió—tomando sobre él mismo la liberación de los demás—la maldición se detuvo ahí mismo y no pasó a los hijos.

La siguiente generación operó bajo el mando de Moisés y fue radicalmente obediente. Ellos rompieron la maldición de sus antepasados y heredaron la Tierra Prometida.

## Actuar en la Palabra de Dios Detiene la Maldición

Hemos visto cómo la sangre y la intercesión detienen la maldición. Actuar en la Palabra de Dios también nos da este poder. Así lo vemos en el ejemplo bíblico de la ramera Rahab. Podemos leer su historia en el libro de Josué, capítulo dos.

Rahab era una cananea—una mujer del pueblo maldecido que había venido desde Canaán y Ham. (Recuerda que anteriormente estudiamos las maldiciones de generaciones de los cananeos, provenientes de la perversión sexual en que vivían. No es sorpresa que esta mujer cananea resulte ser una prostituta.) A medida que los israelitas ocupaban la Tierra Prometida, Dios les ordenó matar a todos los cananeos. Rahab vivía en la ciudad de Jericó, en el territorio de los cananeos. Ella, junto con toda su casa, estaban a punto de morir.

Una noche, Josué mandó dos espías para que investigaran la Tierra Prometida.

Sin embargo, cuando el rey de Jericó buscó a los espías, Rahab la ramera los escondió en el techo de su casa. (El hecho de que estaban escondidos en su techo como espías prueba que no estaban involucrados en actividades inmorales con la prostituta. Ellos no se mezclaron en actividades con esa persona maldita que estaban a punto de matar.)

*Antes que ellos se durmiesen, ella subió al terrado, y les dijo: Sé que Jehová os ha dado esta tierra; porque el temor de vosotros ha caído sobre nosotros, y todos los moradores del país ya han desmayado por causa de vosotros. Porque hemos oído que Jehová hizo secar las aguas del Mar Rojo delante de vosotros cuando salisteis de Egipto, y lo habéis hecho a los dos reyes de los amorreos que estaban al otro lado del Jordán, a Sehón y a Og, a los cuales habéis destruido. Oyendo esto, ha desmayado nuestro corazón; ni ha quedado más aliento en hombre alguno por causa de vosotros, porque Jehová vuestro Dios es Dios arriba en los cielos y abajo en la tierra.*

(Josué 2:8-11)

¡Rahab, quien era una mujer maldita, acababa de confesar a Jehová como el Rey Supremo, El Señor de todo!

Deuteronomio dice:

*Conoce, pues, que Jehová tu Dios es Dios, Dios Fiel, que guarda el pacto y la misericordia a los que le aman y guardan Sus mandamientos, hasta mil generaciones.*

(Deuteronomio 7:9)

Aquí estaba una mujer bajo la maldición.

Ella con toda su familia, estaban solo a unos pocos días de ser aniquilados y destruidos. Aun así, Rahab declaró que el Señor había bendecido a la nación de Israel y que El es "Dios arriba en el cielo y en la tierra también". ¿Cómo respondió Dios a esto?

El segundo capítulo de Josué relata el resto de la historia de Rahab: Tal y como los espías le ordenaron, ella puso una tela color escarlata en su ventana. Entonces cuando los israelitas destruyeron Jericó, Rahab y toda su familia fueron los únicos a los que se les permitieron vivir. Después, ella se casó con un judío y concibió un hijo, Boaz. Boaz se casó con Rut; su hijo Obed tuvo un hijo, llamado Jessé. ¡El hijo de Jessé fue David, quien formaba parte del linaje de Cristo Jesús!

Normalmente esta mujer cananea casi no tenía posibilidades de escapar de la maldición de generaciones contra su nación, pero su corazón fue recto para con Dios. El Dios que guarda Su pacto a mil generaciones entró en acción y realizó pacto con ella.

Actuar en la Palabra de Dios revertió la maldición para esta mujer que estaba llena de pecado—una cananea destinada a morir. Ella actuó en fe, honrando a Dios, y la maldición fue rota totalmente.

Ahora, ¿qué hay de ti? No importa qué tan maldito se encuentre el medio ambiente donde vives. ¡Si tú obedeces la Palabra de Dios y actúas en fe, tu Dios guardador de promesas inducirá Su bendición hasta mil generaciones después de ti! Si una prostituta pervertida pudo enderezar su corazón, deteniendo una gran puerta de perversión que estaba abierta en su vida, y Dios honró su fe, y aun puso a Jesús en su linaje, ¡piensa lo que Dios podrá hacer por *ti* cuando tú reviertas la maldición de tu vida!

Cuando una persona actúa de acuerdo con la Palabra de Dios, el espíritu del enemigo es dezpedazado totalmente.

## ¿Cómo Puedes Tú Actuar en la Palabra?

### La Palabra de Dios Es Aguda y Poderosa

La Palabra de Dios tiene poder para cortar y penetrar el espíritu y el alma.

Rastrea y pronuncia juicio sobre cada palabra o pensamiento que concebimos.

*Porque la Palabra de Dios es viva y eficaz, y más cortante que toda espada de dos filos; y penetra hasta partir el alma y el espíritu, las coyunturas y los tuétanos, y discierne los pensamientos y las intenciones del corazón. Y no hay cosa creada que no sea manifiesta en Su Presencia; antes bien todas las cosas están desnudas y abiertas a los ojos de aquel a quien tenemos que dar cuenta.*

(Hebreos 4:12-13)

No importa qué tan aguda sea una palabra negativa, La Palabra de Dios es siempre mucho más aguda. Es como comparar un instrumento sin punta con un rayo laser. Las palabras más agudas que cualquiera pudiera decir, fallan comparadas al excelente poder cortante de la Palabra de Dios. De todas formas, La Palabra de Dios corta para liberar, no para destruir. Remueve de la persona las intrucciones de su voluntad herida, así como toda invocación de destrucción.

Toma la filosa espada de la Palabra de Dios para erradicar toda palabra negativa, y toda intención maliciosa de parte de otros hacia tu vida. La Palabra de Dios corta profundamente hasta la médula para revelar las intenciones que existen detrás de las palabras, y no solo la mera estructura gramatical de ellas. Cuando la Palabra de Dios se convierte en el estándar de excelencia para tu vida, desnuda a cada otra palabra, actividad, pensamiento, intención y motivación. Expone todo aquello que está oculto. Y cuando esto ocurre, ya no necesitas defenderte, ni justificarte, ni vindicarte tu mismo.

## Ordena Que las Palabras de Maldición Sean Rotas

Toma la poderosa Palabra de Dios, llena de bendiciones, y ordena que toda palabra de maldición sea rota. Erradica el poder de negatividad que vino con esas palabras. Continuamente, ora y confiesa la Palabra de Dios sobre tu vida:

*Ninguna arma forjada contra ti prosperará, y condenará toda lengua que se levante contra ti en juicio. Esta es la herencia de los siervos de Jehová, y su salvación de mí vendrá, dijo Jehová.* (Isaías 54:17)

La palabra *condenar* en este versículo no significa "mandarlo al infierno". En cambio, significa "considerarlo inadecuado para vivir", como cuando un inspector condena a un edificio y no permite que nadie viva allí. Declara ésto conmigo en voz alta:

Yo ordeno condenación a toda arma negativa usada contra mí. Yo rechazo toda palabra negativa de juicio, ridículo y prejuicio. No tienen ningún derecho de habitar en mi vida. Yo les ordeno a estas palabras y a toda lengua juzgadora que se haya levantado en mi contra, que cese totalmente su poder. Yo ordeno a todas estas palabras malvadas, que carezcan de vida, y las condeno a que nada pueda existir en ellas. En el Nombre de Jesús. Amén.

Cuando tú declaraste esto hace un momento, ¿qué fue en sí lo que hiciste? Al pararte en la Palabra de Dios, tú te liberaste a ti mismo a través de La Sangre de Jesús. Tú quitaste toda influencia de las palabras malas de tu vida y aun en aquellos que te rodean. Tú levantaste el escudo de la fe, el cual te dará la ventaja por encima de las maldiciones.

A medida que tú te levantas en la Palabra de Dios, ya no estarás confundido o desorientado, porque Dios no es autor de confusión. Cuando tú te paras en la Palabra, tú ya no tienes que inclinarte a ninguna concesión o engaño. Ya no necesitas de las alabanzas de hombres para sentirte que vales algo. Tú sigues y sirves al Rey de Gloria, y Sus recompensas son más que suficientes para ti.

## Cuida las Palabras Que Hablas

Aunque hablaremos de esto con mayor profundidad en un capítulo posterior, tú debes entender que para romper las maldiciones en tu vida, necesitas cuidar tus propias palabras. Asegúrate que todo lo que dices esté de acuerdo con la Palabra de Dios. De otra forma, tú traerás maldiciones sobre de ti.

*Sus propias lenguas los harán caer; se espantarán todos los que los vean.* (Salmo 64:8)

El libro de Proverbios nos da varias advertencias para guardar las palabras de nuestra boca.

*Aparta de ti la perversidad de la boca, y aleja de ti la iniquidad de los labios.*

(Proverbios 4:24)

*Hay hombres cuyas palabras son como golpes de espadas; mas la lengua de los sabios es medicina. El labio veraz permanecerá para siempre; mas la lengua mentirosa sólo por un momento.*                    (Proverbios 12:18-19)

*Del fruto de su boca el hombre comerá el bien; mas el alma de los prevaricadores hallará el mal. El que guarda su boca guarda su alma; mas el que mucho abre sus labios tendrá calamidad.*                    (Proverbios 13:2-3)

*El que ahorra sus palabras tiene sabiduría; de espíritu prudente es el hombre entendido. Aun el necio, cuando calla, es contado por sabio; el que cierra sus labios es entendido.*
                    (Proverbios 17:27-28)

## ¿Cuál Es Tu Respuesta?

No importa qué tan mal estés. No importa qué tan maldecida ha sido tu familia.

No importa tampoco todo aquello que tú hayas enfrentado: enfermedad, pobreza, destrucción económica, quiebra en los negocios, o relaciones sociales destruidas. No importa qué tan mal haya sido tu vida. Sólo importa una cosa: ¿Cuál es tu respuesta?

¿Estás dispuesto a apropiarte el poder de la Sangre de Cristo? ¿Vas a actuar basado en la Palabra de Dios? ¿Estás dispuesto a unirte a la línea de intercesión para romper la dirección de la maldición, para que Dios pueda moverse a través de ti por mil generaciones?

Sólo se requiere de una sola persona que actúe y obedezca la Palabra de Dios. En mi familia era conocido que el divorcio predominaba. Pero fui yo él que rompí esa maldición. A sí mismo existía deficiencia mental en nuestra familia. Fue rota y con mi vida fue terminada para siempre.

La destrucción económica había existido en mis antepasados, hasta que fue rota a través de mí. Yo ya no estoy bajo maldición.

Una acción de obediencia sella el pacto y además induce bendición tras bendición. ¿Qué puede hacer el enemigo en contra tuya si te encuentras en tal situación de ventaja? Yo creo que ya es tiempo de romper las maldiciones genéticas y de organización que te han estado afectando. Tú necesitas apropiarte la Sangre de Jesús.

Como lo estudiamos anteriormente, David entendió que él no podía realizar un sacrificio barato. Fue Jesús quien detuvo toda maldición que estaba contra ti y contra mí. Esa Sangre ya le dio un golpe mortal al poder del pecado y nos ha otorgado el derecho de libertad y perdón.

Necesitamos pararnos en el hueco e interceder por los oprimidos—todos aquellos que no reconocen el poder que les afecta. Necesitamos no vivir más bajo maldiciones invisibles o que desconozcamos. Actúa ahora mismo. Obedece la Palabra de Dios para remover las maldiciones de tu vida. Ora y repite lo siguiente en voz alta como una declaración de tu fe, ahora mismo:

> Padre, te doy gracias por el poder de tu Palabra que es más aguda que cualquier espada de dos filos. Yo juzgo

y considero a todo hombre muerto en Cristo, lavado por el poder de la Sangre. Yo bendigo a todo aquel que me maldice e invoco el bien sobre sus vidas. Yo hablo palabras de perdón y limpieza sobre de ellos, y nunca más palabras de juicio. Yo te pido que puedan caminar en comunión contigo.

Padre, yo te doy gracias porque la Sangre de Jesús me ha limpiado de todo pecado. Yo confieso esto con mis propias palabras, yo no he caminado en el consejo de Tu sabiduría, pero he sido negativo, criticón, juzgador, y he despreciado a otros.

Padre Dios, Tú me amaste tanto que mandaste a Tu Hijo, Jesús. El derramó Su Sangre y se hizo maldición por mí. Yo me arrepiento ahora de todas mis acciones pecaminosas, y declaro que Su Sangre ha lavado toda mancha de pecado de mi vida.

Padre, yo me levanto en este hueco de necesidad, para interceder por todos aquellos que viven bajo la opresión de maldiciones. Intercesor y Poderoso Espíritu de Dios, levántate y hazles conocer aquello a lo que los has llamado, y revierte las maldiciones que los están atando. Libéralos de todas sus ataduras. Libera a toda la familia del Dios viviente.

Padre, yo me paro en el poder de Tu Palabra. Yo me humillo ante Ti. Te obedeceré en todo. No me someteré a mentiras o engaños nunca más. Yo me someto a la comunión de Tu Espíritu, el cual, pone fin a la maldición. Ayúdame a que hable solo aquello que esté de acuerdo con la Palabra de Dios. Te amo con todo mi corazón. Tú eres el único Señor de mi vida. En el Nombre de Jesús. Amén.

# 3
# Corrige Tu Forma Auto-Maldiciente de Pensar

Todos aquellos que no estudian y entienden las leyes y principios de la Palabra de Dios se enredan a sí mismos por sus propios malentendidos. Mucha gente asume que cuando obedecen a Dios en una área, El corregirá todas las demás áreas de su vida. Por ejemplo, cuando una persona asiste a la iglesia regularmente, piensa que Dios enderezará y fortalecerá todo en su vida. O tal vez dice, "He orado al respecto", y asume que todo funcionará correctamente a causa de lo que él ha contribuido. Pero al final, puede resentirse en contra de Dios o de la gente, por no entender las leyes de Dios que gobiernan el éxito para cada área de su vida.

En otras palabras, por asistir a un edificio los domingos y escuchar la Palabra de Dios por 35 minutos aproximadamente, no quiere decir que Dios intervendrá en tu vida. Tampoco el orar por una necesidad específica te garantizará que Dios te dará una respuesta instantánea. Como ves, para cosechar las bendiciones que Dios promete en la Biblia, tú debes entender que Sus leyes requieren tu participación con una total obediencia a toda Su Palabra. *Las bendiciones de Dios están ahí para ti; pero tú no las disfrutarás a menos que tú conozcas lo que Su Palabra dice acerca de apropiarse las bendiciones, y que además, actúes en ello.*

## Ve Más Allá de las Palabras para Reconocer Sus Motivos

### De la Abundancia del Corazón

Tú no puedes tomar una ley fuera de su contexto de la Palabra de Dios y esperar que Dios te bendiga. Debes entender toda Escritura de acuerdo a su contexto. Si manejas conocimiento parcial e incompleto de la Palabra de Dios puedes ser lastimado.

Por ejemplo, la Biblia nos dice que de la abundancia del corazón habla la boca. Nadie puede variar, modificar, o cambiar esta ley. Existe una relación entre el corazón y las palabras que hablamos. Por lo tanto, creemos que las palabras que salen de la boca de otros reflejan lo que existe en su corazón. De cualquier forma, la gente puede engañarnos con sus palabras cuando en ocasiones los motivos de su corazón son diametralmente diferentes. Después de descubrir sus verdaderos motivos, tenemos la tendencia a desconfiar de la gente, y eso afectará nuestra vida negativamente. Por lo tanto, necesitamos discernir la diferencia entre los motivos del corazón y las palabras de los hombres. Necesitamos la bendición del entendimiento y sabiduría para que podamos ver claramente los verdaderos motivos de otras gentes, independientemente de sus palabras o acciones.

Ahora, veamos lo que Jesús dijo concerniente a esta ley en su contexto, para que podamos entenderla completamente:

> *O haced el árbol bueno, y su fruto bueno, o haced el árbol malo, y su fruto malo; porque por el fruto se conoce el árbol. ¡Generación de víboras! ¿Cómo podéis hablar lo bueno, siendo malos? Porque de la abundancia del corazón habla la boca. El hombre bueno, del buen tesoro del corazón saca buenas cosas; y el hombre malo, del mal tesoro saca malas cosas.* (Mateo 12:33-35)

Estos versículos hablan claramente acerca del fruto en la vida de los hombres. No podemos escuchar las palabras de otros, y esperar que reflejen certeramente lo que está en sus corazones. No, sino que también debemos examinar el fruto de su vida. Si tú fallas en hacer esto, tú puedes llegar a tener conclusiones erróneas acerca de los verdaderos pensamientos o motivos de otros.

Como ves, nuestras palabras producen fruto. A menos que Dios te lo revele a ti de una manera sobrenatural, tú normalmente no puedes ver la raíz de una persona. De cualquier forma, tú siempre puedes saber quién es él por su fruto—por aquello que es evidente y que se ha multiplicado en su vida. Tú puedes saber quién es por los resultados visibles de su vida.

## Cómo Piensa El Hombre

¿Alguna vez has tenido gente diciéndote, "Bueno, que tengas un buen día", y al mismo tiempo sabes que en su corazón no estaban deseándote lo mismo? ¿O has escuchado a otros decir, "Espero que lo que estás haciendo tenga éxito"? Y sin embargo, tú sabes que en su corazón, realmente están esperando que tú falles miserablemente, para que ellos puedan sentirse mejor de su mediocridad. Sus palabras no reflejaron sus verdaderos motivos. Si tú confías en ellos de acuerdo a sus palabras, te vas a encontrar en verdaderos problemas.

Vamos a examinar otra ley acerca de esto mismo que se encuentra en Proverbios: como el hombre piensa en su corazón, así es él. Tú debes recordar siempre que son los pensamientos en el corazón del hombre quienes lo hacen ser quién es, y no sus palabras hacia ti solamente. No permitas que las apariencias te engañen. Puede haber maldiciones en el corazón de un hombre (realidad); mientras sus palabras (apariencia) pueden mostrar que te están bendiciendo. A menudo asumimos que como lo dice una persona, es así exactamente como va a suceder. Pero recuerda, que no todo es como se ha dicho; sino que es como se encuentra realmente en el corazón. Aprende a reconocer cuando alguien aparentemente te está bendiciendo con sus palabras, pero realmente te está maldiciendo con sus pensamientos. Para ver la verdad, tú necesitas remover toda confusión de tu vida.

Otra vez, veamos lo que nos dice este Proverbio concerniente a pensar dentro del mismo contexto:

> *No comas pan con el ávaro, ni codicies sus manjares; porque cual es su pensamiento en su corazón, tal es él. Come y bebe, te dirá; mas su corazón no está contigo. Vomitarás la parte que comiste, y perderás tus suaves palabras.* (Proverbios 23:6-8)

En nuestro espíritu, no queremos considerar que una persona pueda tener un ojo maligno y codicioso. Simplemente nos rehusamos a aceptar que alguien nos esté engañando. En un sentido positivo, a menudo referimos parte del versículo mencionado: "Porque como piensa en su corazón, tal es él". De cualquier manera, cuando leemos los versículos en contexto, notamos que la Palabra no usa este versículo positivamente. Estas palabras están describiendo un engaño con una perspectiva de amargura. Como ves, puedes pasar tiempo con alguien quien te está hablando palabras muy dulces y que aparenta tener muy buena intención para contigo; y, sin embargo, esa relación es en una sola dirección.

Todo aquello que hagas con esa persona, lo estarás perdiendo, porque realmente no ha comprometido su corazón hacia ti. Para resolver este problema, deberás regresar a la raíz del mismo y deshacerlo todo.

Permítame darte un ejemplo. Tú te haces socio de alguien quien tiene un ojo muy ambicioso, y cuyo objetivo es beneficiarse a sí mismo, sin que tú le importes. Sin embargo, tú no estás consciente de sus verdaderos motivos. Sus palabras son, "Vamos a hacer esto juntos. Yo pondré 100% y tú pondrás 100%. Y nosotros dos juntos vamos a hacerlo muy bien".

Así que tú entras en sociedad con él, pensando que éstas son las palabras más dulces que significan esfuerzos comunes para la realización de metas comunes. A medida que pasa el tiempo, tú finalmente te das cuenta que la intención de tu socio no era para beneficio mutuo, sino para su provecho únicamente. Al final, tú no solamente disuelves la sociedad, pero aun tienes que ir a sus orígenes para liberarte del engaño de sus dulces palabras.

El libro de Proverbios dice:

*Sabiduría ante todo; adquiere sabiduría; y sobre todas tus posesiones, adquiere inteligencia.* (Proverbios 4:7)

Si tú careces de la sabiduría de Dios en una relación, las palabras pueden aparentar ser muy dulces para ti; pero más adelante tú tal vez necesites sacar de ti todo aquello que digeriste a través de esa relación. Tú debes aprender a usar la Palabra de Dios para probar las intenciones de los corazones a través de tus relaciones con otras personas. Si tú no sabes, tú puedes estar inseguro acerca de confiar en alguien, o tú tal vez quieras creer tanto en la gente que puedes fallar en escuchar lo que verdaderamente están diciendo o haciendo.

Tú debes ver más allá de la confusión de las palabras. Apártate de tus propias emociones que desesperadamente quieren creer en los demás, a pesar de los hechos que apuntan a lo contrario. Mucha gente tiende a ignorar las características del carácter de otras personas, porque rehusan verlo y tratar con ello. Ellos dicen: "Bueno, voy a tratar de ver sólo lo bueno de cada persona".

Ahora, voy a juzgar a cada hombre como muerto en Cristo, pero solamente voy a confiar en la medida del desarrollo de su carácter. Por ejemplo, si un cristiano fuera a llevarse mi automóvil a California, yo primero me aseguraría de checar sus antecedentes como conductor. El podría decir, ¿"Por qué estás checando mis antecedentes? ¿Acaso no confías en mí"? El hecho de checar sus antecedentes no tiene nada que ver con mi confianza de que Jesús murió por él. Simplemente va a confirmar si yo debo de confiar en su carácter y si él es un conductor responsable.

Digamos por ejemplo, que un hombre acaba de aceptar a Jesús; Dios lo ha perdonado y ha compartido con él la Gracia de Salvación. Ahora, él es una persona amorosa. En su pasado, de cualquier forma, él cuenta con seis acusaciones de abuso de menores. El me dice, "Me gustaría llevarme a tus hijos al otro lado del pueblo para invitarles un helado. Espero que no me estés juzgando por mi pasado".

Mi respuesta sería, "No. Yo juzgo que tú estás muerto en Cristo, pero tus acusaciones me dan un motivo para desconfiar de ti en esta área en particular. No creo que sea una buena idea que lleves a mis hijos al otro lado del pueblo por un helado, siendo que hay una nevería en la siguiente esquina de donde nos encontramos".

Tú puedes decir, "Eso no muestra el amor cristiano". No, yo amo al hombre, pero yo no puedo confiar en él en esta área específica hasta en tanto no me demuestre que es totalmente confiable. Esta es la forma de usar el estándar de la Palabra de Dios para decidir un asunto de forma excelente. Debes permitir que tu espíritu se mantenga alerta, y no inocente, en todo aquello que se refiere a las intenciones de otras gentes. Por favor, pon atención a esa pequeña voz "suave y apacible" del Espíritu Santo dentro de ti (1a. Reyes 19:12). Entonces, usa la Palabra de Dios para juzgar y examinar los pensamientos de otros. El primer paso para poder lograr esto es remover toda confusión de tu mente.

# Remueve Toda Confusión de Tu Mente

## Reconoce el Poder del Auto-engano

El engaño es la práctica de creer algo que no es verdadero y actuar basado en ello. La Biblia dice:

*Hay camino que parece derecho al hombre, pero su fin es camino de muerte.*

(Proverbios 16:25)

*Pero sed hacedores de la palabra, y no tan solamente oidores, engañándoos a vosotros mismos. Porque si alguno es oidor de la palabra pero no hacedor de ella, éste es semejante al hombre que considera en un espejo su rostro natural. Porque él se considera a sí mismo, y se va, y luego olvida cómo era.*

(Santiago 1:22-24)

*El auto-engano es una terrible maldición en nuestras vidas, porque mediante él, añadimos aprobación a nuestra ignorancia.* Comenzamos a actuar en el engaño, pensando que es verdad. Esta mentira que nos parece correcta, entonces, comienza a motivarnos. Y a causa de que nos decimos a nosotros mismos que estamos en lo cierto, nos volvemos defensivos en nuestra propia ignorancia. Y cuando esto sucede, no queremos oír nada acerca de la verdad.

¿Alguna vez estuviste defendiendo tu verdad, para venir a darte cuenta más tarde de que estabas equivocado? ¿Acaso no fue ésa una de tus experiencias más miserables y humillantes? Entonces, cuando tuviste que humillarte para admitir que estabas equivocado, después probablemente tratabas de evadir a esa persona que sí estaba caminando en la verdad; no podías encarar la vergüenza de tu espectáculo de ignorancia.

El orgullo de la vida nunca quiere admitir la responsabilidad personal por los errores que cometemos. De todas formas, si tú permites que el orgullo te gobierne, tú te estarás separando de tu propia salvación, al asociarte con gente que tendrá el mismo tipo de ataduras. Tú te estarás separando de la luz, en lugar de confesar que has sido engañado por ti mismo. La confesión es el único camino por el cual tú puedes regresar al punto de decisión para poder lograr los objetivos de Dios para tu vida.

Escoge el camino de decisión correcto, para que tú puedas caminar en la luz de la Palabra de Dios. Como ves, la Biblia claramente expone tu corazón por completo para prevenirte del auto-engaño. Siempre debes permanecer listo y dispuesto para voltearte del o arrepentirte del engaño personal en tus pensamientos y acciones.

El autoengaño te llevará a seguir una maldición que no es cierta—no importando qué tanto tú quieras que sea verdadera. *La sinceridad no determina la veracidad o validez.* Tú puedes ser totalmente sincero en tu creencia, pero eso no la hace más verdadera o válida. Yo conozco algunas personas extremadamente sinceras, pero que están definitivamente engañadas. No existe validez en lo que creen, aunque lo creen con todo su corazón. *Si quieres determinar la validez o veracidad de tu sinceridad, examina el fruto de tus acciones.*

## No Permitas Que el Mundo Determine Tu Forma de Pensar

Pablo escribió a los romanos:

*No os conforméis a este siglo, sino transformaos por medio de la renovación de vuestro entendimiento, para que comprobéis cuál sea la buena voluntad de Dios, agradable y perfecta.* (Romanos 12:2)

Hoy día existe en los Estados Unidos una polarización de pensamientos. Los humanistas seculares tratan de jalar nuestras mentes para conformarlas a lo que el mundo dicta, en lugar de la perfecta voluntad de Dios. Nuestra sociedad, de una manera muy engañosa nos está atrayendo, al exaltar la opinión del hombre por encima de la verdad. Esto obstruye nuestra capacidad para percibir la verdad y disminuye nuestra sabiduría. Es entonces que debe ocurrir un proceso renovador, en nuestra mente, para liberarla de esta tremenda confusión humanística, y así, que podamos ver la verdad.

## Selecciona Cuidadosamente Tus Amistades

Debes considerar muy seriamente las amistades que hagas. La gente con la que te rodees finalmente cegará tu alma—tú los emularás (lucharás por parecerte a ellos) o tú los imitarás (duplicarás en ti su estilo de vida).

> No te entremetas con el iracundo, ni te acompañes con el hombre de enojos, no sea que aprendas sus maneras, y tomes lazo para tu alma. (Proverbios 22:24-25)

Una acechanza es una trampa que te captura. Tu alma es capturada por las amistades que mantienes. Por ejemplo, si tú pasas tiempo con una persona que está enojada con otra, tú vas a tomar esa actitud y a estar enojado también.

El libro de Proverbios dice:

> No tengas envidia de los hombres malos, ni desees estar con ellos; porque su corazón piensa en robar, e iniquidad hablan sus labios. (Proverbios 24:1-2)

Si tú tienes amigos que son amargos, prejuiciosos, o codiciosos, la confusión de sus características negativas te va a afectar a ti también. Si tú pasas tiempo con una persona envidiosa, chismosa, que continuamente está hablando mal de los demás, tú te vas a volver como él. Si tú estás en compañía de gente que continuamente se están quejando de sus problemas económicos, tu alma va a ser ligada al desastre económico. Si tus conversaciones son siempre relacionadas a la miseria matrimonial, tu alma va a ser ligada a la miseria martimonial.

Tus amistades o relaciones sociales pueden resultar acechanzas, que más adelante resulten en maldiciones para tu vida. De esta manera tú puedes ser maldecido por ti mismo a través de las amistades y relaciones sociales que escojas. Debes liberarte de este tipo de confusión. Renueva tu mente por el poder de la Sangre de Jesús y por la sabiduría de la Palabra de Dios.

En este momento me gustaría guiarte en una oración que te ayudará a limpiar tu mente de toda confusión. Repite esto conmigo en voz alta desde lo más profundo de tu ser, y permite al Espíritu Santo revelarte las áreas específicas en donde requieres ayuda:

Padre, te doy gracias por el poder de la Sangre de Jesús que perdona y le permite a uno abstenerse. Yo decido tener sabiduría, y te pido que me des la habilidad para entender a otros, para que yo pueda percibir claramente las motivaciones de su corazón. Yo quito de mi vida toda atadura de cualquier palabra malintencionada que yo haya recibido. Yo quito de mí toda asociación amarga, envidiosa y que contenga enojo o ira. Yo me arrepiento y me quito de cualquier área de engaño, en este mismo momento. Yo no voy a revestirme con ninguno de los modelos que se usan en este mundo. En lugar de ello, yo me coloco en total sujeción a Tu Palabra que me cambiará y renovará mi mente. En el Nombre de Jesús. Amén.

## Prende la Luz, y Date Cuenta de lo Que Estás Pensando

*La exposición de Tus palabras alumbra; hace entender a los simples.*     (Salmo 119:130)

¿Mientras oraste esta oración conmigo, acaso llegaron a tu mente ciertas personas, situaciones o conversaciones de tu pasado? Tu oración encendió la luz de la Verdad de Dios en tu mente. Tú recibiste entendimiento simplemente a través de las pocas frases que repetiste en voz alta. Tú tal vez recordaste relaciones y amistades. Tal vez viste a esa gente negativa y amarga. O tal vez, te diste cuenta de las ataduras que existían en tu alma. A medida que tú repetiste esta sencilla oración, eso te dio una tremenda iluminación.

Para corregir tu forma de pensar, tú necesitas romper el poder de tus experiencias pasadas, comportamientos condicionados, pensamientos repetitivos y tus acciones. ¿Cómo haces esto?

## Basa Tus Decisiones en el Modelo de la Palabra de Dios

La confusión en nuestra mente proviene de los pensamientos de los hombres, nuestras experiencias y de cómo estamos acostumbrados a juzgar situaciones, y nunca proviene de la verdad de la Palabra de Dios. Debemos voltear a la luz de la Palabra de Dios para iluminar nuestra mente para poder apreciar las cosas de una manera más acertada. De otra forma, podremos estar imponiendo maldiciones sobre nosotros mismos. Nos encontramos en situaciones negativas y no sabemos cómo salir de ellas. Es entonces que huimos de ellas a través de imaginaciones falsas, conformándonos al mundo, pensamientos equivocados y juicios incorrectos, amargura y enojo. Todo esto no tiene nada que ver con la realidad, pero sí con nuestra incorrecta percepción de las cosas. Así es cómo comienza el auto-engano.

Debemos, sin temor alguno, permitir a la Palabra de Dios establecer el parámetro correcto con el cual podamos comparar nuestros pensamientos. Dice en el libro de Filipenses:

> *Por lo demás, hermanos, todo lo que es verdadero, todo lo honesto, todo lo justo, todo lo puro, todo lo amable, todo lo que es de buen nombre; si hay virtud alguna, si algo digno de alabanza, en esto pensad.* (Filipenses 4:8)

Ahora, ciertos pensamientos pueden ser puros, pero indignos de ser amados. Lo que llegamos a saber acerca de alguien puede ser verdadero, pero no bueno. Ciertas situaciones pueden ser ciertas, pero no dignas de alabanza. Cierta gente de gran intelecto tal vez no sea digna de honra alguna.

Así que, ¿hacia qué es lo que tienes que dirigir tu mente? ¿Cómo es que tú vas a ser capaz de discernir aquello que es digno de amarse, honorable, digno de alabanza y de buen nombre? Tú deberás alinear cada pensamiento y cada acción con la Palabra de Dios. Analízalos a la luz de la Biblia. Muchos pensamientos pueden ser ciertos, pero, ¿acaso son dignos de ser reconocidos? ¿Serán justos? ¿Serán puros? Compara cada pensamiento que tengas contra la Palabra de Dios.

## Acepta la Palabra de Dios Como Tú *Unica* Autoridad para Cambiar

Así que, llegó el momento de corregir tu manera de pensar. ¿Cómo hago esto? Tú tal vez estés diciendo, "Yo puedo cambiar mi mente y así corregir mi manera de pensar". No, tú solo no puedes. Está comprobado en la Palabra de Dios.

> *Dijo entonces Jesús a los judíos que habían creído en El; si vosotros permanecéis en mi palabra, seréis verdaderamente mis discípulos; y conoceréis la verdad, y la verdad os hará libres.* (Juan 8:31-32)

Solo cuando permaneces en la Palabra de Dios, es que tu pensamiento se conforma a la verdad de los parámetros de Dios. Entonces, tus pensamientos, palabras, acciones y frutos vendrán a reflejar tu discipulado en Cristo Jesús. Esta es la forma cómo tú llegas a ser verdaderamente libre.

Es crítico que los muchachos jóvenes estudien la Palabra especialmente en Salmos y Proverbios. Por ejemplo, Proverbios 6:1-3 dice:

> *Hijo mío, si salieres fiador por tu amigo, si has empeñado tu palabra a un extraño, te has enlazado con las palabras de tu boca, y has quedado preso en los dichos de tus labios. Haz esto ahora, hijo mío, y líbrate, ya que has caído en mano de tu prójimo; ve, humíllate, y asegúrate de tu amigo.* (Proverbios 6:1-3)

Imagínate que tienes 16 años de edad y sabes por cierto que jamás serás el aval de alguien— que pagará la deuda, si tu amigo no paga. ¿Te das cuenta de cuántos casos no hubieran ido a la corte actualmente, si todo el mundo hubiera rehusado firmar como aval de la deuda de otra gente? Cuando ese adolecente cumple 25 años de edad, y algún familiar le pide que sea su aval en un préstamo para un automóvil, ¿cómo es que responderá? "Lo siento", va a decir él. "He crecido en la Palabra de Dios, y la Palabra de Dios dice que jamás nos convirtamos en avales de ningún tipo de deuda".

Muchos de nosotros no entendemos los principios de la Palabra de Dios, por lo que acabamos poniéndonos acechanzas a nosotros mismos—y a nuestro futuro—y ésto es debido a que queremos ser amables con la gente; queremos ayudar a alguien. Esto es una maldición porque *lo que estamos haciendo, al ser una violación a la Palabra de Dios, se convierte en una maldición*. Una relación social incorrecta, fuera del orden bíblico es una relación bajo maldición. No importa qué tanto desees que cosas buenas resulten de ello. Dios no puede bendecirla.

Muchos de nosotros nos maldecimos a nosotros mismos a causa de no pensar correctamente y tenemos temor de que los demás no nos acepten. Si tu forma de pensar no es correcta, serán las demás gentes, las que estarán pensando por ti y por consiguiente, todas sus ataduras te estarán controlando.

Básicamente, tu mente está confusa y corrompida hasta en tanto tú la renuevas. A medida que avanzas en tu edad y acumulas más experiencias, la confusión en tu mente se vuelve más grande. Para llegar a la verdad, tú tienes que decidir todo asunto de acuerdo a la verdad, y después de ello, permanecer en la verdad. Jesús dijo:

> *Santifícalos en Tu verdad; tu palabra es verdad.* (Juan 17:17)

> *Y conoceréis la verdad, y la verdad os hará libres.* (Juan 8:32)

Solo la verdad tiene el poder para limpiar y liberar; y la Palabra de Dios es el único parámetro válido para la verdad absoluta.

*¿Con qué limpiará el joven su camino? Con guardar Tu palabra.* (Salmo 119:9)

*Ya vosotros estáis limpios por la palabra que os he hablado.* (Juan 15:3)

*Habiendo purificado vuestras almas por la obediencia a la verdad, mediante el Espíritu, para el amor fraternal no fingido, amáos unos a otros entrañablemente, de corazón puro.* (1a. Pedro 1:22)

¿Cómo es que llegas a ser limpiado? Tú tienes que aplicar diligente y consistentemente la Palabra de Dios. ¿Cómo es que puedes liberar tu alma? Tú tienes que tomar la verdad y actuar basado en ella. Para ser liberado, requiere una purificación radical del alma, así como una dedicación profunda a la libertad.

## Tienes Que Escoger Cambiar

Tú debes tomar la decisión de cambiar. Y esto tal vez no represente un camino fácil, pero la libertad que obtendrás, será digna de tu esfuerzo realizado.

## Este Cambio Debe Confrontar Primeramente las Areas Más Difíciles de Tu Vida

Cuando tú escoges cambiar, nunca comiences con las áreas que ofrecen menos resistencia.

En cambio, escoge aquellas áreas más difíciles que requiren un cambio. Cualquier cosa que sea necesario eliminar de tu vida, cualquier cosa que sea necesaria para cambiar, haz de esto, tu camino elegido. *Nunca escojas el camino de menor resistencia.* Si lo haces, tarde o temprano, tendrás que regresar para comenzar otra vez. Ve directamente a la raíz de aquello que está equivocado, y planta un fundamento firme para que, a partir de ahí, puedas crecer apropiadamente. Jesús indicó que primeramente atemos al hombre fuerte (Mateo 12:29).

Pablo escribió a los romanos:

> *Y esto, conociendo el tiempo, que ya es hora de levantarnos del sueño; porque ahora está más cerca de nosotros nuestra salvación que cuando creimos. La noche está avanzada, y se acerca el día. Desechemos, pues, las obras de las tinieblas, y vistámonos las armas de la luz.* (Romanos 13:11-12)

Tú no tienes tiempo para edificar sobre fundamentos equivocados, teniendo que derribarlos más adelante, solo para tener que construir otra vez. Decide hoy mismo cambiar en aquellas áreas que más lo necesitan.

Ahora, vamos a ver la historia de dos hermanas: Marta y María. Piensa acerca de las decisiones que tomó cada una.

*Aconteció que yendo de camino, entró en una*

*aldea; y una mujer llamada Marta le recibió en su casa. Esta tenía una hermana que se llamaba María, la cual, sentándose a los pies de Jesús, oía su palabra. Pero Marta se preocupaba con muchos quehaceres, y acercándose, dijo: Señor, ¿no te da cuidado que mi hermana me deje servir sola? Díle, pues, que me ayude. Respondiendo Jesús, le dijo: Marta, Marta, afanada y turbada estás con muchas cosas. Pero solo una cosa es necesaria; y María ha escogido la buena parte, la cual no le será quitada.* (Lucas 10:38-42)

¿Qué tienes que hacer tú para escoger "la mejor parte"? ¿Qué necesitas remover de tu vida que te ha estado preocupando y que te ha apartado de estar a los pies de Jesús, escuchando la Palabra? Haz el deshacerte de ello tu prioridad número uno, y que tu vida ya no esté llena de estas cosas que te perturban.

## Rompe Primero Tu Tierra Más Dura

Cuando tú decides cambiar, debes identificar los puntos de resistencia, necedad, opiniones personales y aun aquellas razones estancadas. Simplemente porque tú tienes un pensamiento en cierta dirección desde hace años, no quiere decir que esté correcto. *La mayor edad de la ignorancia no la convierte en verdad; y tampoco la sinceridad o convicción que tengas en ella.* Comienza a romper las áreas de tu vida que son más resistentes, necias y que han estado estancadas por mucho tiempo.

*Sembrad para vosotros en justicia, segad para vosotros en misericordia; haced para vosotros barbecho; porque es el tiempo de buscar a Jehová hasta que venga y os enseñe justicia.* (Oseas 10:12)

La tierra dura es aquella que los granjeros han cultivado, pero después la dejaron ociosa durante la época de crecimiento. Cuando los granjeros rompen este tipo de tierra, ellos cavan una especie de surco en donde plantarán las semillas. Para que tú seas plantado en una correcta relación con Dios, tú deberás crear un surco en todas aquellas áreas de tu corazón que se encuentren endurecidas. Deberá romperlas totalmente.

*Circuncidáos a Jehová, y quitad el prepucio de vuestro corazón, varones de Judá moradores de Jerusalén; no sea que mi ira salga como fuego, y se encienda y no haya quien la apague, por la maldad de vuestras obras.*
(Jeremías 4:4)

*Tú eres* quien tienes que romper *tu propia* tierra. No digas, ¡"Dios, si acaso es tu voluntad, cámbiame"! Es solamente tuya la decisión de cambiar. Tú puedes y deberías pedirle a Dios que te *revele* las áreas de tu vida que necesitan cambiar; pero después de hacerlo, es a ti a quien le toca arrepentirse y tomar los pasos necesarios para que el cambio sea realizado en esas áreas.

*Porque así dice Jehová a todo varón de Judá y de Jerusalén; arad campo para vosotros, y no sembréis entre espinos.* (Jeremías 4:3)

Rompe esa tierra dura de tu corazón. Trata con aquellas cosas que están mal primeramente. Recuerda que Jesús dijo que quitarán la viga de su ojo, para que entonces pudieran ver para remover la paja del ojo de tu hermano (Mateo 7:1-5).

## Tienes Que Ser Totalmente Exigente con Tu Cambio

La única manera de corregir tu manera de pensar y poder remover esas maldiciones colocadas por ti mismo, es tratando con tu alma de una forma totalmente exigente a través de la Palabra de Dios. Nunca podré sobreenfatizar este punto. Tú debes ser totalmente exigente e inmisericordioso—no con la gente—sino con tu propia manera de pensar; y además, debes ser consistente en hacerlo. No podemos tratar con nosotros livianamente. Debemos ser exigentes, y aun agresivos con nosotros mismos. Ahora, déjame aclarar que no me estoy refiriendo a abusar de uno mismo en un sentido físico; pero tú debes decidir penetrar tu corazón con la verdad de la Palabra, y que ella sea la que saque todas esas raíces malas que producen fruto maligno. De otra manera, la bendición que Dios ha destinado para ti, no llegará a ser tu porción. Al contrario, tú estarás actuando en auto-engano, pensando que estás en el camino correcto. Pero de todas maneras, te llevará a tu destrucción.

Algunas veces cuando tú comienzas a tratar con tus convicciones en forma muy exigente, tú tal vez actúes diferente. No permitas que ninguna frustración afecte a la gente que te rodea. Purificarte a ti mismo es un proceso totalmente radical. Como ves, es muy fácil acostumbrarse a las éticas cambiantes de la vida—que es el status quo de un comportamiento aceptado. Entonces, cuando tú comienzas a purificar tu alma, tú vas a actuar contrario a aquella norma aceptada. Algunas veces, otros percibirán tu comportamiento como insolente, indiferente, o que no le importa nada.

Si tú has pasado por cambios internos para modificar la forma en que piensas, tú tal vez has experimentado inestabilidad emocional durante esta transición. Tú estuviste excavando en algunas áreas de tierra endurecida, que no habían recibido ni sol, ni agua, las cuales no habían sido tocadas anteriormente. Tú estuviste usando la Palabra de Dios para excavar a través de la dureza de tus motivaciones equivocadas y de tus pensamientos para crear un surco y poder plantar la Verdad de Dios. El resultado se verá en paz, bendiciones, contentamiento y gozo y de todas formas, ¡ha sido digno de tu esfuerzo!

## Habla la Palabra de Dios para Crear Surcos

Existen cientos de escrituras que puedes usar cuando tú estás excavando para crear tu propio surco. Permite que esos versículos penetren a través de tu consciencia endurecida. Recuerda, tal como estudiamos anteriormente, la Palabra dice que cómo piensa un hombre en su corazón, tal es él. ¿Y cómo vas a lograr poner ese surco en tu corazón a menos que estés dispuesto a cambiar?

Por ejemplo, tú puedes decir, "De acuerdo con la Palabra de Dios, yo soy sanado;…Por su llaga hemos sido sanados" (1a. Pedro 2:24)

Alguien puede discutir, "Bueno, tu cuerpo todavía se ve enfermo".

¿Cómo vas a responder a esto? Tú dirás, "Pero la Palabra de Dios no ha cambiado. ¡Yo estoy sano"!

Habla la Palabra para confrontar tus pensamientos. Di, "De acuerdo a la Palabra de Dios, Jesucristo es el Señor de mi vida, por lo tanto, ¡yo soy salvo"!

*Mas ¿qué dice? Cerca de ti está la palabra, en tu boca y en tu corazón. Esta es la palabra de fe que predicamos: Que si confesares con tu boca que Jesús es el Señor, y creyeres en tu corazón que Dios le levantó de los muertos, serás salvo. Porque con el corazón se cree para justicia, pero con la boca se confiesa para salvación.* (Romanos 10:8-10)

¡La Palabra de Dios no ha cambiado! Si alguien comienza a juzgarte, comienza a declarar:

*Porque Tú, oh Jehová, bendecirás al justo;*

*como con un escudo lo rodearás de tu favor.*
(Salmo 5:12)

Recuerda, como estudiamos antes, tú puedes detener los ataques del enemigo en contra tuya al declarar:

*Ninguna arma forjada contra ti prosperará, y condenarás toda lengua que se levante contra ti en juicio. Esta es la herencia de los siervos de Jehová, y su salvación de mí vendrá, dijo Jehová.* (Isaías 54:17)

Aunque no parezca que tus hijos están bendecidos, declara:

*Y todos tus hijos serán enseñados por Jehová; y se multiplicará la paz de tus hijos.*
(Isaías 54:13)

La Palabra de Dios no ha cambiado. Si te asalta el temor, di:

*Con justicia serás adornada; estarás lejos de opresión, porque no temerás, y de temor, porque no se acercará a ti.* (Isaías 54:14)

Dios quiere prosperarte. Repite estas palabras:

*Así ha dicho Jehová, Redentor tuyo, el Santo de Israel: Yo Soy Jehová Dios tuyo, que te enseña provechosamente, que te encamina por el camino que debes seguir.* (Isaías 48:17)

*Mi Dios, pues, suplirá todo lo que os falta conforme a sus riquezas en gloria en Cristo Jesús.* (Filipenses 4:19)

La Palabra de Dios te da poder por encima de todo hábito.

*Todo lo puedo en Cristo que me fortalece.* (Filipenses 4:13)

*Así que, cada uno someta a prueba su propia obra, y entonces tendrá motivo de gloriarse solo respecto de sí mismo, y no en otro.* (Gálatas 6:4)

*Porque todo lo que hay en el mundo, los deseos de la carne, los deseos de los ojos, y la vanagloria de la vida, no proviene del Padre, sino del mundo. Y el mundo pasa, y sus deseos; pero él que hace la voluntad de Dios permanece para siempre.* (1a. Juan 2:16-17)

Permite que la Palabra te ayude a hacer la voluntad de Dios. Declara Su Palabra de vida sobre ti mismo. Cuando tú hablas la Palabra desde un corazón y mente renovados, produce vida y bendición. Recuerda, como estudiamos antes en el libro de Proverbios 18:20-21, ¡la Biblia promete que tus palabras se cumplirán! Dios nos juzgará y tomará cuenta de cada palabra que hablamos! Jesús dijo:

*Mas yo os digo que de toda palabra ociosa que hablen los hombres, de ella darán cuenta en el día del juicio. Porque por tus palabras serás justificado, y por tus palabras serás condenado.* (Mateo 12:36-37)

Debemos excavar para romper la tierra dura en nuestro corazón y plantar las semillas de palabras de bendición. Entonces, el fruto de la bendición de Dios será evidente en nuestra vida.

## Conoce "Las Reglas del Mundo"

¿Preferirías conocer las reglas de un juego *antes* de comenzar a jugarlo, o ser descalificado por estar jugando con reglas equivocadas? Eso mismo es lo que sucede muchas veces en la vida. Jugamos bajo las reglas de nuestra experiencia, en lugar de estar jugando bajo las reglas de la Palabra de Dios, la cual gobierna toda actividad de esta vida. Entonces nos preguntamos por qué las circunstancias no nos han sido favorables. También nos preguntamos por qué no hemos cosechado aquel fruto en el cual creíamos. Se debe a que nunca hicimos surcos, o nunca excavamos, rompiendo aquella tierra dura.

*Podemos asistir a la iglesia; podemos orar; podemos pedirle a Dios que nos cambie; podemos inclusive leer la Palabra de Dios; pero hasta en tanto no usemos la Palabra para remover toda esa confusión de nuestro corazón y mente, la cual representa maldiciones para nosotros, no seremos totalmente libres.* Hasta en tanto no cambiemos nuestras actitudes, motivaciones y comportamientos erróneos, nos mantendremos bajo maldición. Aun cristianos que conocen bien la Palabra sufren, maldiciéndose a sí mismos, porque fallan al no tomar este paso tan importante para cambiar.

En 1987, después de estudiar Josué 1:8, descubrí el poder de meditar en la Palabra de Dios. Al meditar en escrituras que tenían que ver con el liderazgo, yo sabía que iba a venir un cambio. Yo necesitaba una convicción profunda del liderazgo, no solo para mí, pero yo sabía que esto afectaría las vidas de otros alrededor de mí. Ahora, no me gustaron algunas de las escrituras en las cuales medité, porque me trajeron una tremenda consciencia de inferioridad e incapacidad; ellas revelaron la condición de mi corazón. De todas formas, esos meses de meditación cambiaron mi ministerio. Ese tiempo de hacer surcos en mi corazón, el cual duró 18 meses, produjo un fruto que de otra manera nunca hubiera podido ser evidente.

La única manera de destruir una maldición en ti, es una total dedicación para romper esa tierra dura en tu corazón. Tú debes enfocarte en ese objetivo hasta que puedas ver los resultados del cambio.

A medida que tú lees la Palabra de Dios, permítele que se profundice dentro de tu corazón para revelarte áreas en las cuales requieras cambiar. Con toda honestidad, pídele al Señor que te revele tus áreas de debilidad, concesión, forma incorrecta de pensar, y asimismo todas las motivaciones erróneas. Mantente abierto a la convicción del Espíritu Santo en cada área de tu vida—aun en las puntos más profundos de tu ser. Entonces, toma pasos inmediatos y radicales para cambiar en esas áreas que El te muestre. Para comenzar, repite esta oración conmigo en voz alta, ahora mismo:

Padre, yo me entrego en total dedicación a la transformación de mi alma a través de las verdades de Tu Palabra.

A medida que rompa yo mi tierra dura, le permito al Espíritu Santo crear surcos en mi corazón. Revélame cómo es que necesito cambiar. Yo declaro que no tomaré el camino de menor resistencia. Espíritu del Dios Todopoderoso, ayúdame, mientras me establezco en el poder de Tu Palabra para traer ese cambio. Te doy gracias que Tu Palabra es el parámetro de Verdad para mi vida. En el Nombre de Jesús. Amén.

# 4
# Destruye la Maldición Propia del Dolor

A través de toda la vida, las acciones y palabras de otros a menudo nos han lastimado, defraudado y herido. Este dolor personal es totalmente real, y nos puede robar muchos años muy valiosos. Si no encontramos sanidad, viviremos en constante temor de que alguien pueda llegar y tocar esas heridas para hacernos sufrir más todavía.

En este capítulo estudiaremos lo que dice la Palabra de Dios acerca de las causas de las heridas emocionales; cómo es que una persona herida puede multiplicar su dolor hacia otros y aun en sí mismo; y cómo identificar, aislar y erradicar el dolor de uno mismo y de otros. Dios no quiere que ninguno de sus hijos sienta el poder destructivo del dolor.

> *El sana a los quebrantados de corazón, y venda sus heridas.*　　　(Salmo 147:3)

Tu Padre Celestial desea sanar tu corazón herido ahora mismo. El quiere cerrar tus heridas.

A medida que tú lees este capítulo, permítele ministrarte a través del poder del Espíritu Santo.

# El Buscar a Dios Previene el Dolor

## Los Pastores Que No Buscan a Dios Lastiman Sus Rebaños

Primeramente, vamos a ver el dolor que causa el hecho de no buscar a Dios. Esto puede provenir de un pastor que lastima al pueblo de Dios, porque él está confiando en sí mismo, en lugar de buscar la sabiduría de Dios.

> *¡Ay de mí por mi quebrantamiento! Mi llaga es muy dolorosa. Pero dije: Ciertamente enfermedad mía es ésta, y debo sufrirla. Mi tienda está destruida, y todas mis cuerdas están rotas; mis hijos me han abandonado y perecieron; no hay ya más quien levante mi tienda, ni quien cuelgue mis cortinas. Porque los pastores se infatuaron, y no buscaron a Jehová; por tanto, no prosperaron, y todo su ganado se esparció. He aquí que voz de rumor viene, y alboroto grande de la tierra del norte, para convertir en soledad todas las ciudades de Judá en morada de chacales.*
>
> (Jeremías 10:19-22)

Este tipo de dolor viene de un pastor que no acostumbra orar. Si tu pastor busca a Dios, y su vida está creciendo y prosperando, entonces tú tienes un pastor que está caminando de acuerdo con los propósitos de Dios.

Por otro lado, si tú tienes un pastor que no busca a Dios, y quien probablemente es flojo y dice: "Lo que va a suceder, va a suceder de todas formas. Yo no puedo hacer mucho para cambiarlo. Yo no puedo orar efectivamente. Yo no puedo buscar al Señor".

¡Cuidado! Este es entonces un pastor que inyecta dolor que afectará al Cuerpo de Cristo. ¿Por qué? Es porque no busca al Señor, no se levanta temprano a orar, o no pasa tiempo suficiente en la Palabra de Dios para poder entenderla. Muchos de éstos sólo viven para repetir sus ritos, y vivir de crisis en crisis.

## La Gente Que No Busca a Dios Se Lastima a Sí Misma

Existe un tipo de dolor que viene cuando *un individuo* no busca a Dios.

> *Y envió Jehová a vosotros todos sus siervos los profetas, enviándoles desde temprano y sin cesar; pero no oísteis, ni inclinasteis vuestro oído para escuchar cuando decían; Volveos ahora de vuestro mal camino y de la maldad de vuestras obras, y moraréis en la tierra que os dio Jehová a vosotros y a vuestros padres para siempre; y no vayáis en pos de dioses ajenos, sirviéndoles y adorándoles, ni me provoquéis a ira con la obra de vuestras manos; y no os haré mal. Pero no me habéis*

*oído, dice Jehová, para provocarme a ira con*
*la obra de vuestras manos para mal vuestro.*

(Jeremías 25:4-7)

Cuando las motivaciones de un pastor o ministro están alineadas con el llamamiento de Dios para su vida, él puede hablar la verdad hacia la vida de otros, encargándoles que no se estanquen, pero que se arrepientan, que se volteen del pecado, y regresen a los propósitos de Dios. Hay quienes interpretan esto como autoritario y dictatorial, diciendo, "El pastor siempre está pidiéndome que haga más para la iglesia en Nombre de Jesús". Bueno, por supuesto que lo está haciendo. El llamamiento de Dios en los pastores provoca a sus rebaños a buenas obras. Y este dolor no proviene del ministro, pero de los individuos, quienes a pesar de oír la verdad, rehusan cambiar su vida. Este tipo de respuestas son gritos de heridas causadas por ellos mismos.

Estas son gentes que han oído la Palabra de Dios, pero deciden ir por sus propios caminos. Ellos no responden, "Sí Señor, te obedeceré". En cambio dicen: ¡"Imagínate el descaro de este pastor que me está diciendo que debo ganar almas para Jesús, o que tengo que orar en el Espíritu Santo, o que tengo que poner manos sobre los enfermos, o que tengo que comenzar a creer en Dios en un nivel más profundo"! Y a causa de que tercamente rehusan cambiar, ellos se lastiman a sí mismos, y entonces culpan a otros por ese dolor. Este tipo de gente no se dan cuenta de que son víctimas de ellos mismos.

## Lastimar Gente Sólo Multiplica el Dolor

### El Chisme Lastima, Pero el Amor Cubre y Corrige

*El odio despierta rencillas; pero el amor cubrirá todas las faltas.* (Proverbios 10:12)

Una persona que odia, expondrá los errores de un individuo para causar discordia acerca de lo que ve, escucha, o de aquello que cree ser la verdad. Un chisme esparce y aumenta cada pequeño detalle al llegar a otras gentes. De otra manera, una persona que ama procurará aguantar al individuo que se encuentra en error, hasta que se inicie el proceso de sanidad, y el ministerio de la gracia de Dios pueda alcanzarle.

Recuerda, que las palabras pueden romper una relación de amistad.

*El que cubre la falta busca amistad: mas el que la divulga, aparta al amigo.*

(Proverbios 17:9)

Mientras una persona que opera en amor debe cubrir el pecado de otros, asimismo, y al mismo tiempo, tiene una responsabilidad adicional. *El amor cubre una multitud de pecados y a su vez confronta los pecados.* El amor no solamente cubre el pecado, permitiendo que el individuo haga lo que quiera hacer. No, el amor cubre el pecado, protegiéndolo para que la persona no quede expuesta frente a otras gentes, y entonces, confronta ese pecado en su vida.

*Mejor es reprensión manifiesta que amor oculto. Fieles son las heridas del que ama; pero importunos los besos del que aborrece.*
(Proverbios 27:5-6)

Como ves, una persona que actúa en el amor bíblico, al cubrir los pecados de otro, no sólo los está cubriendo, sino está tomando la responsabilidad de reprenderlos.

Aquellos que me aman, van a exponerme los errores que perciben en mi vida—esto puede ser a través de comunicación, actividades, o de alguna otra manera. Yo encuentro que necesito esos amigos que me protegen y que guardan un buen testimonio de mi persona; pero aun en la intimidad de nuestra amistad, a su vez, también pueden hablar francamente conmigo.

Mi esposa es mi mejor amiga. Si existe algo mal en mi vida, como desánimo, temor, o confusión, ella me lo hace notar rápidamente. Ella no dice, "Gary, todo está bien. Tú eres el pastor, y por eso no puedo decirte nada". No, al contrario, ella me protege, me rodea, y me comparte la Palabra de Dios al respecto.

Tú tal vez digas, "Bueno, pero a mí no me gusta tener amigos que me indiquen lo que hago mal. Porque cuando lo hacen, eso me lastima". Debes ser muy cuidadoso. Tal vez lo que tú estás interpretando como dolor, puedan ser las heridas que Dios esté planeando tocar para iniciar tu proceso de sanidad.

## Los Chismes y las Calumnias Lastiman a Otros

> *El que pasando se deja llevar de la ira en pleito ajeno es como el que toma al perro por las orejas. Como el que enloquece, y echa llamas, y saetas y muerte, tal es el hombre que engaña a su amigo, y dice: ciertamente lo hice por broma. Sin leña se apaga el fuego, y donde no hay chismoso, cesa la contienda. El carbón para brasas, y la leña para el fuego; y el hombre rencilloso para encender contienda. Las palabras del chismoso son como bocados suaves, y penetran hasta las entrañas. Como escoria de plata echada sobre el tiesto son los labios lisonjeros y el corazón malo. El que odia disimula con sus labios; mas en su interior maquina engaño. Cuando hablare amigablemente, no le creas; porque siete abominaciones hay en su corazón.*
>
> (Proverbios 26:17-25)

Cuando yo era pequeño, cometí el error de agarrar a un perro por las orejas, tratando de montarlo. Pero para mi sorpresa, el perro gruñó, se volteó, y me mordió. Así como un perro al que se agarra por las orejas te morderá, de la misma manera, un chismoso, esparcirá chismes, y causará heridas en todo el medio donde él no tiene ingerencia.

Tú necesitas reconocer y tener identificados a aquellos que causan divisiones. El chismoso tomará todo aquello que es aparente, lo aumentará, y lo multiplicará para mantener el fuego del chisme ardiendo, tanto tiempo como pueda. Las heridas pueden ser mucho más profundas cuando un chismoso esparce contienda en donde él no tiene ninguna ingerencia.

> *El ánimo del hombre soportará su enfermedad; mas ¿quién sportará al ánimo angustiado?* (Proverbios 18:14)

Para prevenir heridas a través de un chismoso en tu vida, tú debes identificar a las personas que se acostumbran meter en los asuntos de otras gentes, y debes mantenerlos a una considerable distancia de ti. Hay personas que sólo andan buscando las manchas de los demás, y si se les da la oportunidad, lo esparcirán a todo aquel que esté dispuesto a escuchar.

Acabamos de leer en Proverbios 26:23, acerca de los "labios que queman" los cuales no pueden esperar para esparcir palabras malignas", acerca del corazón malvado, que es como escoria de plata echada sobre el tiesto. Esto significa que es como una pieza de cerámica rota, la cual se mira muy linda por el exterior, pero es solo barro en su interior. El versículo 24 dice, "El que odia disimula con sus labios". Una persona que odia siempre está hablando palabras para separar, dividir y traer discordia entre otros. El versículo 25 nos advierte de no creer las palabras de un chismoso, porque no podemos creer tampoco en las motivaciones secretas de su corazón.

Aquí, la Palabra dice que donde no hay leña, el fuego se apaga; y donde no hay chismoso, cesa la contienda. Si la gente rehusara involucrarse en los asuntos de otros, la enfermedad transmitida a través de las palabras entre unos y otros cesaría.

Evalúa a la gente de éxito alrededor de ti. ¿Son capaces de sostener relaciones sociales con otros, o acaso acostumbran romper sus promesas con otros? ¿Están siempre rodeados de discordia? ¿Aman criticar lo negativo de otras personas? Identifica a aquellos que te podrían herir si les dieras la oportunidad, y a aquellos cuyas palabras te podrían herir.

Yo oro diariamente que Dios me libre de hombres necios y malvados, porque no todos tienen la misma fe. Yo oro que el escudo de fe se levante alrededor del Cuerpo de Cristo, y que las palabras de los chismosos y las semillas de negatividad sembradas por personas dividisoras, sean regresadas sobre sus propias cabezas. Yo oro que aquellos que desean las verdades puras de la Palabra de Dios, lo sigan con todo su corazón y que Dios los proteja y libre del dolor de las palabras chismosas.

## Los Chismes y los Chismosos Crean Acechanza para Sí Mismos

Cuando una persona habla en contra de otros, usando palabras negativas de odio, amargura, envidia, celos, contienda, orgullo, y buscando solo su propio provecho, no sólo ata a aquellos en contra de quienes habla, pero también a sí mismo. Leemos en el libro de Proverbios:

> *Los labios del necio traen contienda; y su boca los azotes llama. La boca del necio es quebrantamiento para sí. Y sus labios son lazos para su alma.* (Proverbios 18:6-7)

Como estudiamos antes, una acechanza es una trampa que ata a una presa inocente. Así, las palabras que son habladas desde los labios de un tonto vienen a traer destrucción para su propia alma. Sus acciones negativas van a afectar su mente, voluntad y emociones.

> *Las palabras del chismoso son como bocados suaves, y penetran hasta las entrañas.*
> (Proverbios 18:8)

Aquellos que esparcen cosas negativas de otros son tontos cuyas palabras atan su propia alma e inflingen dolor a sí mismos y a las vidas de otros. El Salmo 64 dice:

*Escucha, oh Dios, la voz de mi queja; guarda mi vida del temor del enemigo. Escóndeme del consejo secreto de los malignos, de la conspiración de los que hacen iniquidad. Que afilan como espada su lengua; lanzan cual saeta suya, palabra amarga, para asaetear a escondidas al íntegro; de repente lo asaetean y no temen. Obstinados en su inicuo designio, tratan de esconder los lazos, y dicen; ¿Quién los ha de ver? Inquieren iniquidades, hacen una investigación exacta; y el íntimo pensamiento de cada uno de ellos, así como su corazón, es profundo. Mas Dios los herirá con saeta; de repente serán sus plagas. Sus propias lenguas los harán caer; se espantarán todos los que los vean. Entonces temerán todos los hombres, y anunciarán la obra de Dios, y entenderán sus hechos.*

(Salmo 64:1-9)

Una persona que habla palabras negativas acerca de otro individuo, se está arriesgando a que sus propias palabras caigan sobre él mismo, hiriéndolo dolorosamente.

Asimismo, el acusador de los hermanos puede venir y decirle, "Si la otra persona no hubiera actuado de esta manera, tú no estarías en este lío". ¿Recuerdas el engaño del pecado? Es lo que hace que la gente crea que es la culpa de los otros. No. La condición de una vida chismosa es resultado de ser negativo y una persona contensiosa; sus palabras han caído sobre su propia cabeza. Sus propias acciones tontas—no las acciones de otros—han causado esas heridas de chismes. De hecho, una persona que siembra pleito generalmente se encuentra viviendo en medio del dolor, porque está cosechando sus propias palabras.

> *Perversidades hay en su corazón; anda pensando el mal en todo el tiempo; siembra las discordias. Por tanto, su calamidad vendrá de repente; subitamente será quebrantado, y no habrá remedio.* (Proverbios 6:14-15)

Yo he podido ver a mucha gente que se entregan a pensamientos maldosos y chismosos, y van sembrando discordia entre los hermanos. Y sé que eventualmente, sus vidas vendrán derrumbándose en derredor de ellos; y mi corazón se duele por el deseo de sanarlos de esas heridas que ellos mismos se hicieron. La calamidad vendrá sobre ellos a causa de su propio pecado y tontería. Entonces dirán;

> *Porque mis iniquidades se han agravado sobre mi cabeza; como carga pesada se han agravado sobre mí. Hieden y supuran mis llagas, a causa de mi locura. Estoy encorvado, estoy humillado en gran manera; ando enlutado todo el día.* (Salmo 38:4-6)

Esta gente sentirá el dolor causado por sus propios pecados. Sus propias iniquidades los vencerán, y sentirán rechazo, diciendo, "Todos saben lo miserable que soy". Pero tú puedes escapar de todo este dolor, simplemente rehusando ser chismoso.

## La Gente Motivada Maliciosamente Maldice a Otros

> *Los que buscan mi vida arman lazos, y los que procuran mi mal hablan iniquidades, y meditan fraudes todo el día.* (Salmo 38:12)

¿Existe gente motivada maliciosamente? ¡Definitivamente que sí! Y no son necesariamente chismes que transmiten pecado sobre sus propias vidas, hiriéndose a sí mismos con su propia tontería. De todas formas, existe gente que intencionalmente busca lastimar. Ellos se proponen lastimar al justo y se regocijan cuando algo le va mal al justo. A ellos les encanta decir, "Ves, te lo dije. Esa persona estaba fuera del orden de Dios, y yo sólo estaba esperando que recibiera su propia destrucción".

Esta gente maliciosa a menudo toman como su objetivo personas que no están viviendo en dolor, maldad, o chisme, pero que aún se están guardando de pecar. Sin ninguna advertencia, podemos encontrarnos con gente maliciosa, con deseos engañosos para intencionalmente mentirnos y colocar acechanza en nuestra contra.

Recuerda, que la maldición sin causa no llegará (Proverbios 26:2). Tú no debes dar ninguna oportunidad a esas intenciones maliciosas. Esas maldiciones no pueden llegar a ti, a menos que tú les abras la puerta en tu vida. Protégete de los deseos malignos de otros, y de sus maldiciones, alzando el escudo de la fe "y la espada del Espíritu, que es la Palabra de Dios".

*Sobre todo, tomad el escudo de la fe, con que podáis apagar todos los dardos de fuego del maligno. Y tomad el yelmo de la salvación, y la espada del Espíritu, que es la palabra de Dios.* (Efesios 6:16-17)

En el capítulo 35, el salmista escribió lo siguiente:

*Sean avergonzados y confundidos los que buscan mi vida; sean vueltos atrás y avergonzados los que mi mal intentan. Sean avergonzados y confundidos a una los que de mi mal se alegran; vístanse de vergüenza y de confusión los que se engrandecen contra mí.* (Salmo 35:4, 26)

## No Pidas Prestado el Dolor Ajeno

Algunas veces pedimos prestado el dolor de otros frecuentemente entre familiares. Por ejemplo, digamos que dos niños, Juanito y Tomasito, están jugando juntos en la arena. Ellos comienzan a pelear, y cada niño corre y se va a su casa con su mamá.

El día siguiente, de cualquier forma, los niños ya han olvidado sus heridas y son buenos amigos otra vez. Ellos se aman y pasan un buen rato jugando juntos. Todo se ha perdonado y olvidado entre ellos.

Sin embargo, la madre de Juanito y la de Tomasito mantienen el disgusto por años; y aun cuando los padres de ambos se encuentran en la calle, ni siquiera se saludan.

¿Por qué? Todos los padres han pedido prestadas las heridas de sus hijos. Como puedes ver, el dolor es un mal infeccioso, que se puede contagiar fácilmente. Es sumamente importante que tú no permitas su influencia en tu vida.

## Identifica, Aísla y Erradica el Dolor

El proceso de liberarse del dolor involucra el identificar al dolor como pecado, aislarlo, y entonces erradicarlo a través del poder del Espíritu Santo. Ya sea que estés ministrando a otros, o si estás tratando con tus propios dolores, tú necesitarás seguir estos pasos aun en diferente orden, pero repetidamente para poder remover ese dolor; y algunas veces, tú tal vez necesites repetir los mismos pasos otra vez. De todas formas, para poder entender cada etapa del proceso, vamos a estudiar cada paso separadamente.

### Identifica al Dolor Como Pecado

Primeramente, tú debes ver el dolor como si fuera una acechanza para tu alma—como un pecado. ¿Estoy diciendo realmente que sentir y retener el dolor es un pecado, aun cuando han sido otros los que te han lastimado? ¡Sí! Pero de todas formas, tú debes recordar que el pecado del dolor puede ser perdonado. Tú no sólo necesitas perdonar a todas las partes involucradas, pero tú mismo necesitas ser perdonado también.

Yo sé que éste no es un concepto fácil de aceptar, pero definitivamente es verdadero.

Recuerda, en 1a. de Corintios 13:5 (Versión Popular) dice que el amor no guarda rencor de cosas hechas en su contra. Bueno, aquí está; si tú caminas en amor no puedes guardar rencor *de nada hecho en contra tuya*.

Supongamos que un hombre me dice que alguien le ha hecho algo malo, y por consiguiente, ahora él se siente lastimado. Si yo le contesto, "Bueno, hermano, pero tú puedes ser perdonado", ¿cómo creen ustedes que él reaccionaría?

¿"Qué yo puedo ser perdonado"? el hermano preguntaría, ¡"Yo no soy quien causó la herida"! Y ésto es debido a que la mayoría de la gente no reconoce que el hecho de guardar el dolor es pecado. Busca en las escrituras. ¿En qué parte de la Biblia se te dan razones aceptables para que tú puedas mantener un estado de sentirte herido y dolido en tu espíritu? El Nuevo Testamento ni siquiera refiere a las heridas causadas por nuestras relaciones con otros, excepto para identificar a la gente que causa contienda, y nos dice claramente que los eludamos. De hecho, lo que la gente usualmente define como "herida", no es bíblico de ninguna manera. Típicamente, su dolor ha sido provocado por gente chismosa y por aquellos que buscan causar problemas.

Cuando una persona herida se acerca a ti, comunícale la Palabra y la Sabiduría de Dios en forma pacífica.

> *¿Quién es sabio y entendido entre vosotros?*
> *Muestre por la buena conducta sus obras en*
> *sabia mansedumbre.* (Santiago 3:13)

Tú no debes demoler a una persona herida, diciéndole, "Te debes arrepentir porque sentir dolor es pecado". No, no es así. Tú necesitas la "sabia mansedumbre" para poder acercarte a él con conocimiento, aunque sin comprometer los estándares de la Palabra de Dios.

Generalmente, la herida es causada por el individuo mismo. Como puedes ver, mucha gente se duele a causa de no haber podido perdonar a otros. En nuestro ejemplo anterior, la mamá de Juanito nunca perdonó a Tomasito por lo que le había hecho a su hijito. Por años, mantuvo a las dos mamás alejadas, y sin poder ser amigas. Ellas sentían dolor porque rehusaban perdonarse una a la otra. Y lo más triste de este asunto es que las dos mamás no tenían nada que ver con el asunto.

Necesitamos perdonar a cada persona en el Nombre y Persona de Jesús. Recuerda que como lo estudiamos anteriormente, si una persona no perdona desde el fondo de su corazón, Jesús dice que esa persona será atormentada. (Ver Mateo

18:28-35.) Cuando fallamos en perdonar a otros, nos envolvemos en ataduras y tormento. Esas heridas se convierten en acechanzas conteniendo el poder para atar nuestras almas. Y esto *no es* la voluntad de Dios para el ser humano.

## Debemos Aislar Totalmente El Dolor

Debes aislar cada herida. Yo he llamado a esto el método de "divide y vencerás". Identifica y separa las heridas para poder tratarlas individualmente. No permitas que se multipliquen, o de otra manera, te van a engañar. Si tú permites que una herida se bifurque en otras áreas, la persona se va a sentir desanimada respecto de *toda su vida*. Aísla cada área en particular. Tú haces esto de la misma manera que tú pones a una persona enferma en aislamiento para poder contener la enfermedad. Tú separas a esa persona.

Esto es lo que tú deberías decir a una persona que está herida: "Vamos a hacer una evaluación. Ahora, esta otra área en tu vida está bien, y esa otra también está bien. Esta otra área está funcionando, y eso es algo bueno para ti. Pero ahora, vamos a aislar este incidente que aparentemente te ha causado esta herida. Vamos a meterlo en una cápsula para aislarlo y no permitir que la infección se esparza. De esta manera, vamos a impedir que influya las demás áreas en tu vida que están bien.

Como puedes darte cuenta, una persona que ha tenido mucha contienda, divisiones y dolor, posiblemente va a tener varias áreas en ellos mismos que tú necesitarás aislar. Si no lo haces así, el dolor comenzará a esparcirse y a multiplicarse hasta llegar al punto que parecerá a esa persona que todo lo que ha hecho está mal, cuando de hecho, posee muchas áreas con cosas muy buenas en su vida. El simplemente necesita aislar esas áreas de dolor y tratar con cada una de forma individual.

De hecho, como hemos comentado anteriormente, esto sucede tanto en el cuerpo de un individuo, e igualmente en un cuerpo corporativo, como lo sería una iglesia. Si tú no aíslas y ministras a una persona herida y dominada por el dolor, tú le estás permitiendo esparcirse e influenciar a otros, como si fuera una enfermedad. Tú debes aislar esos dolores para que no contaminen a otros.

El aislamiento de una herida es un paso crítico. Tú debes proteger cada área que requiere sanidad de las conversaciones y opiniones de otros—y aun de la opinión de la misma persona herida. No compartas tu dolor o el dolor de otros con muchas personas.

Busca a Jesús para que lo sane. Mantén el aislamiento alrededor de ello, para que no sea expuesto a otros. El esparcimiento de cualquier comunicación maligna termina en el punto de aislamiento.

## Erradica el Dolor

Después de que tú lo has aislado, entonces

tú necesitas erradicar el dolor. Tal vez se trate de una atadura espiritual a causa de haber concedido demasiado. Tal vez es un ciclo de comportamiento. No importa qué tipo de dolor se trata. Es el Espíritu Santo, a través de la oración, El que puede cortarlo y sanarlo; pero tú tienes que entregárselo todo a El. Dios es tu única respuesta. La unción puede reparar cualquier corazón herido. No existe nada aparte de esto que pueda traer alivio de tu dolor.

## ¿"Cómo Deletreas Alivio"?

Una persona herida que está buscando un remedio para sus heridas, debe voltear a Dios para su sanidad o de otra manera, volteará a la corrupción. Yo creo que tú vas a ser capaz de identificar mucha gente dentro de esta sección. Muchos son los que buscan alivio a través del alcohol, drogas y muchos otros hábitos destructivos. El libro de Proverbios dice:

*Dame, hijo mío, tu corazón, y miren tus ojos por mis caminos. Porque abismo profundo es la ramera, y pozo angosto la extraña. También ella, como robador, acecha, y multiplica entre los hombres los prevaricadores. ¿Para quién será el ay? ¿Para quién el dolor? ¿Para quién las rencillas? ¿Para quién las quejas? ¿Para quién las heridas en balde? ¿Para quién lo amoratado de los ojos? Para los que se detienen mucho en el vino, para los que van buscando la mixtura. No mires al vino cuando rojea, cuando resplandece su color en la copa. Se entra suavemente; mas al fin como serpiente morderá, y como áspid dará dolor. Tus ojos mirarán cosas extrañas, y tu corazón hablará perversidades. Será como él que yace en medio del mar, o como él que está en la punta de un mastelero. Y dirás: me hirieron, mas no me dolió; me azotaron, mas no lo sentí; cuando despertare, aun lo volveré a buscar.*　　　　(Proverbios 23:26-35)

Cuando alguien busca el pecado como el remedio para su dolor, está multiplicando su dolor que él mismo se inflingió, él está buscando alivio a través de una aventura amorosa, drogas, alcohol, o de algún otro medio de abuso.

En lugar de recibir consuelo, su pecado se convierte en un yugo para él mismo; sin embargo, a causa de su propio engaño, él va a estar regresando a su atadura una y otra vez.

¿"Cómo deletreas alivio"? ¡J E S U S! No es el licor. No es la cocaína o la mariguana. No es un encuentro amoroso inmoral o una relación fantasiosa. Escapar al pecado no es la respuesta. Alivio es permitir la gracia y el poder del Señor Mismo liberarte de toda tu atadura y dolor.

Estos principios simples trabajan para la vida de cualquier persona. Tú puedes encontrar libertad para ti mismo y para tu familia, en este mismo momento, si volteas hacia Dios. ¿Estás sintiendo la presión de la traición? ¿Te sientes lastimado a causa de las palabras de otras gentes que llevaron maldición, negatividad, contienda, chisme y que rompieron su promesa para contigo? Dios está listo para sanarte, ¡hoy mismo!

Responde a la unción del Espíritu Santo, en este mismo momento.

## ¿Para Qué Es la Unción?

La unción es el poder de Dios. ¿Qué es lo que hace? El poder de Dios rompe el yugo de acciones repetitivas—como las drogas, alcohol, adulterio y muchos otros pecados deteriorantes.

> *Acontecerá en aquel tiempo que su carga será quitada de su hombro, y su yugo de tu cerviz, y el yugo se pudrirá a causa de la unción.*
> (Isaías 10:27)

> *El Espíritu de Jehová el Señor está sobre mí porque me ungió Jehová; me ha enviado a predicar buenas nuevas a los abatidos, a vendar a los quebrantados de corazón, a publicar libertad a los cautivos, y a los presos apertura de la cárcel.* (Isaías 61:1)

Existe un bálsamo sanador en Gilead (Jeremías 51:8). Mi hermano o hermana, la unción del Espíritu Santo está ahí contigo, para sanar todas tus heridas y dolores inflingidos por ti mismo. No importa qué tan divisor hayas sido como chismoso, o qué tan buenos argumentos tú tenías contra aquellos que te lastimaron. Jesús quiere liberarte hoy mismo. Voltea hacia El. No busques un escape a través de las drogas, alcohol, o relaciones de adulterio. No temas que otros puedan lastimarte a través de tu matrimonio, divorcio o de alguna relación abusiva. Si alguien abusó de ti maliciosamente, cuando eras pequeño, no permitas que ese dolor paralice tu vida ni un minuto más. La unción está aquí para sanarte de *todo* dolor que tú hayas experimentado. ¡El poder del Espíritu Santo quiere liberarte de toda atadura! Levántate en Su fuerza y paz para caminar en Su luz, en este mismo momento.

*Tú, enemiga mía, no te alegres de mí, porque aunque caí, me levantaré; aunque more en tinieblas, Jehová será mi luz.* (Miqueas 7:8)

Al enemigo le encantaría verte que permanezcas caído, incapaz de levantarte otra vez; pero Dios tiene un plan para tu vida. Cuando una persona falla, él se levanta rápidamente otra vez, y actúa como si nada hubiera sucedido, continuando con su vida.

En tus caídas, El quiere reenvestirte de poder, para que te levantes rápidamente y que puedas continuar con tu vida. El quiere que el poder de la Sangre de Jesús te libere hacia una nueva esfera de libertad. Dios no te diseñó para que te arrastres en la tormentosa opresión de tu pasado. ¡No! En Su Palabra aquí, El te está diciendo que si tú estás caído, te levantarás otra vez. El Señor será la luz para ti.

Es tiempo de nulificar la maldición de tu vida. Es tiempo para que la Palabra de Dios te penetre. Coloca una demanda sobre la unción de Dios. Repite esta oración conmigo en voz alta, en este mismo momento, para romper todo poder de opresión que te ha estado paralizando y disminuyendo tu vida.

Padre, yo volteo a Ti como mi respuesta. Te busco solo a Ti, Señor. Perdóname por esparcir chismes de otros, y por aferrarme al dolor cada vez que otros me hacían algo malo. Gracias por la unción y por la Sangre de Jesús que rompe todo yugo, y además, me limpia y me perdona.

En este momento, yo perdono a todos aquellos que han traído maldiciones a mi vida. Gracias que puedo revertir estas maldiciones de dolor en el Nombre de Jesús.

Yo envío Tu Palabra por el poder del Nombre de Jesús para remover las ataduras que yo mismo haya causado en mi vida. Yo ordeno que la cosecha de palabras negativas cese de existir, y declaro que todas esas palabras son revertidas.

Espíritu Santo de Dios, te agradezco por el poder de la unción que ha traído libertad a mi vida, ahora mismo. En el Nombre de Jesús. Amén.

# 5
# Recibe Bendición y No Maldición por Causa de la Ignorancia

Aquello que desconoces, es exactamente lo que va a paralizar tu vida. Cuando tú careces de conocimiento, y posees un entendimiento limitado, tú estás permitiendo a las maldiciones llegar a tu vida. El profeta Oseas escribió:

*Mi pueblo fue destruido por falta de Sabiduría...*

La ignorancia o inclusive, el conocimiento parcial de la Palabra de Dios, permite destrucción, maldición, opresión, calamidades y circunstancias negativas. El versículo continúa diciendo:

*...Porque rechazaste el conocimiento.*

El rechazo es una decisión. Esto significa que rechazaste aquello que debías haber conocido. El Maestro—El Espíritu Santo, está trayendo a tu memoria constantemente todo lo que Jesús dijo.

Cuando tú no escuchas a Su voz, tú estás rechazando el conocimiento que El te ha dado. Debes darte cuenta que esto no se trata de una ignorancia accidental o sin intención. *La ignorancia es una decisión.*

¿Acaso la Biblia menciona que tú serás excusado de recibir calamidad, por el simple hecho de que no pudiste prevenirlo? O, ¿porque no hubo alguien que te dijera lo que tenías que conocer? No. Lee el resto de este versículo:

*…Por cuanto desechaste el conocimiento, yo te echaré del sacerdocio; y porque olvidaste la ley de tu Dios, también yo me olvidaré de tus hijos.* (Oseas 4:6)

Este es un concepto interesante. *Todo aquello que tú no conoces de la Palabra de Dios, afectará a las generaciones venideras.* Todo aquello que tú rechazas, crea una atmósfera de maldición que fluye a través de ti hacia otras personas. De manera contraria, todo aquello que tú conoces y obedeces en la Palabra de Dios, traerá una atmósfera de bendición a tus hijos y a todos aquellos alrededor de ti.

Tú posees una tremenda autoridad para causar, o para permitir que se cumplan determinadas circunstancias. La maldición puede venir a través del enemigo, si tú no usas de esa autoridad. Tú puedes permitir que las circunstancias negativas se cumplan, o tú puedes detenerlas. Todo aquello que tú permitas que suceda, o detendrá la destrucción, o permitirá la destrucción. Conectará el propósito de Dios, o desconectará el propósito de Dios. Muchas veces permitimos que lleguen a nuestra vida circunstancias que no deseamos, por no darle la ventaja al conocimiento de la Palabra de Dios. Algunas personas llaman a esto "La Permisiva Voluntad de Dios". De cualquier forma se le ha dado a esto un nombre equivocado; no es Dios, sino el individuo, quien permite las circunstancias malignas. Dios jamás deseará, ni escogerá el mal para nuestras vidas. ¡No!

A través de nuestro permiso es que permitimos a la maldición de la ignorancia, en todas sus formas de manifestación, gobernar y destruir nuestra vida.

## ¿Qué Significa la Palabra Permitir?

La palabra permitir tiene de hecho dos significados diferentes. Uno es "causar" y el otro es simplemente "permitir". Es necesario que tú entiendas estos significados. De otra manera, tú perderás de vista el objetivo sobre cómo remover la maldición derivada de la ignorancia. Para *causar* algo, tú necesitas tomar un curso de acción para hacerlo suceder. Por otro lado, al *permitir* algo, tú estás renunciando a toda forma de resistencia, y ocurre por consecuencia.

Por ejemplo, si decimos, "vamos a cenar", siendo que nadie ha preparado los alimentos, yo necesitaré causar que alguien los prepare. Mi idea de que cenemos no se volverá una realidad, a menos que alguien cause que esto suceda.

Por el otro lado, la misma palabra también puede significar "simplemente permitir". Algún historiador podría decir que los americanos "permitieron" a los japoneses invadir Pearl Harbor. Ellos permitieron toda esa destrucción a causa de no estar preparados.

*Permitir* significa "no ofrecer resistencia alguna en contra de una acción que viene hacia uno". Podemos permitir lo bueno o lo malo. Una vez más, quiero que entiendas que cuando el enemigo está gobernando nuestras circunstancias, esto definitivamente, no es la permisiva voluntad de Dios. Es el hombre otorgándole permiso—sin ofrecer resistencia alguna—al enemigo para que actúe. Muchos de nosotros hemos *permitido* al enemigo gobernar sobre nuestra vida, no a causa de que lo hayamos invitado, pero sí a causa de que le hemos permitido entrar—muchas de estas veces inconscientemente. A menudo, entonces, le echamos la culpa a Dios por aquellos retos que enfrentamos; y los marcamos como si fueran Su voluntad, siendo que de hecho, *hemos permitido esos problemas* por nuestra falta de resistencia.

*Causar* significa "una acción que produce resultados". Por ejemplo, para frenar tu automóvil, tú tienes que quitar primero tu pie del pedal del acelerador. ¿Acaso el automóvil se frena por sí mismo? No, tú tienes que causar que frene. Si alguien en el automóvil dice, "Vamos a frenar", tú no simplemente dices, "Está bien, permitiré que eso suceda". No, tú debes causar que eso suceda.

En ambas definiciones de la palabra *permitir*, vemos que la persona que permite o que causa que sucedan las cosas, es definitivamente quien posee la autoridad.

Podemos usar esa autoridad, previniendo o causando que sucedan ciertas cosas, o podemos fallar en usarla, dejando así que sucedan otras. Toda escritura que refiere la palabra "permitir", significa que tú eres responsable y que entregarás cuentas por el resultado de hacerlo. En otras palabras, la pelota está en tu cancha. Cuando tú *permites algo*, es como si pusieras a Dios fuera del cuadro. El ya ha establecido el curso de acción de las cosas. Ahora eres tú, hombre, el responsable y a quien se le tomarán cuentas por lo que suceda.

## ¿Quién Apoya a la Autoridad, y Cómo Lo Hace?

Dios—quien es y quien posee toda autoridad—dio al hombre ciertas áreas de autoridad, las cuales, cuando se usan apropiadamente, producen los resultados de Dios. Podemos ver esto en Génesis:

> *Entonces dijo Dios: Hagamos al hombre a nuestra imagen, conforme a nuestra semejanza; y señoree en los peces del mar, en las aves de los cielos, en las bestias, en toda la tierra, y en todo animal que se arrastra sobre la tierra.*                    (Génesis 1:26)

Dios tomó la iniciativa para causar que sucediera algo. El tomó la acción necesaria para crear al hombre. Entonces, El *permitió* al hombre tener autoridad, gobernar y tener dominio sobre la tierra. Considera la autoridad—como el derecho legal para usar el poder. Dios, quien es la Suprema Autoridad, sustenta toda otra autoridad.

Pablo dijo a los romanos:

*Sométase toda persona a las autoridades superiores; porque no hay autoridad sino de parte de Dios, y las que hay, por Dios han sido establecidas. De modo que quien se opone a la autoridad, a lo establecido por Dios resiste; y los que resisten, acarrean condenación para sí mismos.* (Romanos 13:1-2)

Tú no causas a la autoridad para que tenga influencia sobre tu vida; tú permites que esa autoridad influya en tu vida. Así que, tú permites que tu alma—tu mente, voluntad, y emociones— vengan a someterse. Tú dices, "Esa autoridad es de Dios, y yo me voy a someter a ella. Y si no lo hago, le estoy dando el derecho a aquel que está en autoridad a castigarme". Esa persona en autoridad no está equivocada cuando te castiga por haber desobedecido. No, tu castigo viene por causa de tu ignorancia—tú *mismo* te metiste en un área de castigo. Por lo tanto, aun para tu propio detrimento, tú decidiste no someterte bajo su autoridad.

Por ejemplo, cuando mi hija Laurie, tenía

como diez y ocho años, le dieron una multa de $100 por manejar a 77 millas por hora en una zona de 55 millas por hora. ¿Se sometió esta conductora a las leyes de velocidad? No. ¿Acaso el juez que le impuso la multa tenía la capacidad para hacerlo? Sí. Ahora, ¿hubiera tratado yo de llegar a un arreglo para que no le extendieran la multa? ¿Debía yo de haber llamado a mi amigo en el departamento de policía, quien es el administrador general, para decirle, "Soy el padre de la señorita llamada tal y tal"? ¡No! Eso hubiera significado estar jugando con la maldición, y hubiera permitido que entrara la destrucción en mi vida, en mi hogar y en mi familia. La multa de $100 es un castigo menor comparado con la ventaja que yo podía haberle dado al enemigo para entrar en mi familia.

En la vida, si tú no conoces las leyes espirituales que gobiernan cada circunstancia, tú puedes multiplicar tu destrucción inconscientemente. ¿Cómo? Al escoger una decisión que aparenta ser conveniente para eludir algo que parece ser negativo, puedes estar creando una destrucción mucho mayor. Por ejemplo, en lugar de entender los beneficios de ciertas consecuencias, muchos padres tratan de arreglar los problemas de sus hijos. Por ignorancia, ellos entran y multiplican las maldiciones en sus familias. No reconocen que le están dando la ventaja a la maldición del enemigo, y por lo tanto, desencadenan la destrucción en la vida de sus hijos. En lugar de esto, los padres necesitan entender que Dios ha colocado Sus instrumentos de autoridad en la vida de sus hijos, y esos hijos necesitan pagar las consecuencias correctas por su propio beneficio.

No existe autoridad que no venga de parte de Dios. Si tú resistes la autoridad, tú estás abriendo la puerta para las maldiciones. ¿Acaso tienes el derecho de decirle al policía que te ordenó pararte por exceso de velocidad, "No me gusta esta multa. No me la des"? ¡No! Tú hiciste que eso sucediera. Primero, tú te causaste a ti mismo exceder el límite de velocidad. Tu acción de desobedecer el límite de velocidad ha tenido sus consecuencias: Una multa. Tú permitiste que esa multa se asignara a tu persona en el momento en que escogiste sobrepasar el límite de velocidad.

Ahora, a muchos de nosotros, no nos gusta aceptar la responsabilidad por las acciones que cometemos, así como aprender la realidad acerca de las maldiciones que nos imponemos a nosotros mismos. De todas formas, cuando yo hablé con mi hija y le dije que por un tiempo iba a estar privada de su privilegio y su licencia para conducir un vehículo, ella se sometió totalmente a la autoridad. "Haré lo que tú consideres que deba hacer", dijo ella, "Estoy de acuerdo. Yo he entendido perfectamente que debo ser responsable por mis acciones". Ella llamó al juez y aun pagó la multa antes de que llegara por correo. Después, ella llamó a la estación de policía para inscribirse en un curso de manejo defensivo. Ella hizo todo esto por su propia voluntad a fin de completar su castigo. Mi hija entendía que si la maldición no era detenida en ese momento, pudiera haberse transmitido a muchas otras personas.

¿Qué hubiera sucedido si ella no hubiera detenido la maldición? ¿Qué hubiera sucedido si yo hubiera puesto excusas y hubiera mentido, permitiendo a ese engaño entrar? Supongamos que yo hubiera llamado y hubiera "arreglado" esa multa. ¿Sabes qué es lo que hubiera sucedido? Yo hubiera permitido que una maldición entrara en mi ministerio, y a través de él, hacia la gente en la iglesia.

La escritura dice que oremos por aquellos que están en autoridad (1a. Timoteo 2:1-3). Esto también se aplica al esposo y padre en la casa. El es quien permite que las maldiciones entren, si no resiste correctamente la tendencia a obrar equivocadamente. Y lo mismo pasa con las madres y las esposas. ¿Y qué de los hermanos y de las hermanas? ¿Y qué acerca de los abuelos? ¿Y qué acerca de los maestros y directores de las escuelas?

Aquellos que permiten las maldiciones primero, son los que a su vez, las transmiten a los demás.

## Toda la Autoridad Le Pertenece a Jesús

*Y Jesús se acercó y les habló diciendo: toda potestad me es dada en el cielo y en la tierra.*
(Mateo 28:18)

En el libro de Apocalipsis, leemos lo que Juan relata acerca de Jesús:

*Cuando le vi, caí como muerto a Sus pies. Y El puso Su diestra sobre mí, diciéndome: no temas; Yo Soy el Primero y el Ultimo; y el que vivo, y estuve muerto; mas he aquí que vivo por los siglos de los siglos, amén. Y tengo las llaves de la muerte y del Hades.*
(Apocalipsis 1:17-18)

Toda la autoridad le pertenece a Jesús. El sostiene las llaves del infierno y de la muerte. Leamos lo que Jesús le dijo a Pedro referente a Su autoridad, lo cual está escrito en el libro de Mateo:

*Respondiendo Simón Pedro, dijo: Tú eres el Cristo, el Hijo del Dios Viviente. Entonces le respondió Jesús: Bienaventurado eres, Simón, hijo de Jonás, porque no te lo reveló carne ni sangre, sino mi Padre que está en los cielos. Y Yo también te digo, que tú eres Pedro, y sobre esta roca edificaré mi iglesia; y las puertas del infierno no prevalecerán contra ella. Y a ti te daré las llaves del reino de los cielos; y todo lo que atares en la tierra será atado en los cielos; y todo lo que desatares en la tierra será desatado en los cielos.*
(Mateo 16:17-19)

Aquí Jesús dio Su autoridad a Pedro. Tú

debes entender lo que la Palabra de Dios dice acerca de tu autoridad y tu responsabilidad. Tú debes saber esto para que no permitas a través de la ignorancia, maldiciones destructoras en tu vida. Dios te dio a ti, la autoridad para *causar* que el enemigo se detenga. Tú eres el responsable de atar sus actividades ilegales. No puedes permitirle continuar.

Tú tienes la responsabilidad espiritual de detener la infiltración del enemigo en tu casa. Tú, tal vez, quieras preguntarme, ¿"Por qué tú no detuviste a tu hija para que no sobrepasara el límite de velocidad"? Yo no tengo poder sobre la voluntad del individuo, sino solamente sobre la *atmósfera* de ese individuo. Yo no puedo hacer decisiones por ella. Yo sólo puedo crear una atmósfera de protección y seguridad para ella. La decisión final le pertenece a ella.

Debes entender también, que cuando alguien te delega la autoridad para actuar en su beneficio y representación, tú de hecho posees su misma autoridad para actuar. Jesús es el Gran Autorizado, el Resucitado de entre los muertos, y el Guardador de las llaves del infierno y de la muerte. ¡Y El te ha delegado a ti la autoridad para remover maldiciones! Tú, por lo tanto, eres el responsable de tomar acción. Y si no lo haces, entonces estás permitiendo al enemigo que opere. Tú puedes causar o permitir que las circunstancias sucedan.

# Usa Tu Autoridad Delegada para Reinar

## Reina por Encima del Pecado y de la Muerte

Consideremos el pecado. Jesús conquistó al pecado en el momento en que El fue el sustituto por ti en la cruz. En Romanos, Pablo escribió:

*Así también vosotros consideraos muertos al pecado, pero vivos para Dios en Cristo Jesús, Señor Nuestro. No reine, pues, el pecado en vuestro cuerpo mortal, de modo que lo obedezcáis en sus concupiscencias.*

(Romanos 6:11-12)

¿Qué no *causes* al pecado reinar? No, tú *permites* solamente al pecado reinar.

Como ves, si el pecado reina en tu vida, tú te has quedado sin resistirle en ninguna manera. Pero si tú no lo *dejas entrar*, entonces el pecado no puede gobernarte.

Hay gente que dice: "No pude evitarlo. Sucedió así nada más". Y lo que están tratando, es de escapar de su responsabilidad, engañándose a sí mismos. El pecado no puede entrar en tu vida sin que tú se lo permitas. El pecado te gobernará, pero sólo si se lo permites. Tú eres responsable directamente del pecado que sucede en tu cuerpo.

Nadie es responsable por el pecado de otro. Yo no soy responsable por tu pecado, y de la misma manera, tú tampoco eres responsable por el mío. Pero de todos modos, mi pecado afecta tu vida, y tu pecado afecta mi vida.

Si tú le otorgas la ventaja al pecado, te maldecirá cada día de tu vida en tu mente, en tus motivaciones, y en tus relaciones con otras personas. Te atará y te amarrará al mismo suelo. Entonces, tú clamarás, "Dios, no hay nada que yo pueda hacer al respecto. El pecado me tiene completamente agarrado". ¡No! No te tiene agarrado. Tú se lo permitiste por el hecho de aceptarlo; tú fuiste quien permitiste que te hiciera su prisionero. Pablo continúa en Romanos 6:

> Ni tampoco presentéis vuestros miembros al pecado como instrumentos de iniquidad, sino presentaos vosotros mismos a Dios como vivos de entre los muertos, y vuestros miembros a Dios como instrumentos de justicia. Porque el pecado no se enseñoreará de vosotros; pues no estáis bajo la ley, sino bajo la gracia. (Romanos 6:13-14)

Tú no puedes *hacer* que obre la gracia. Tú no puedes hacer que fluya a través de ti. Tú le *permites* a la gracia que obre; o tú le *permites* al pecado que obre.

Tú, tal vez me preguntes, ¿"Cómo es que tú puedes permitir a las bendiciones obrar en tu vida"? Eso es fácil. Tienes que entender que es tu responsabilidad el permitirle a Dios bendecirte. Como ves, *tú ya estás bendecido:*

*...con toda bendición espiritual en los luga-*
*res celestiales en Cristo, para mostrar en los*
*siglos venideros las abundantes riquezas de*
*su gracia en su bondad para con nosotros en*
*Cristo Jesús.*                    (Efesios 1:3, 2:7)

Dios ha derramado y vertido bendiciones hacia tu vida. Tú no necesitas orar, "Señor, bendíceme". El ya está bendiciéndote. Tú solamente debes dejar que lo haga.

Significa esto *causar o permitir?* Tú no puedes *causar* que Dios haga nada; pero tú sí puedes *permitir* que El obre en tu vida.

De la misma manera, tú *permites* el pecado; tú no *causas* al pecado. Por esto es que Pablo escribió en Romanos:

*De manera que ya no soy yo quien hace*
*aquello, sino el pecado que mora en mí. Y yo*
*sé que en mí, esto es, en mi carne, no mora*
*el bien; porque el querer el bien está en mí,*
*pero no el hacerlo. Porque no hago el bien que*
*quiero, sino el mal que no quiero, eso hago.*
*Y si hago lo que no quiero, ya no lo hago yo,*
*sino el pecado que mora en mí.*

                    (Romanos 7:17-20)

Tú sola voluntad *no causa* que se detenga el pecado. *Tú no puedes decidirte por ti mismo a dejar de pecar. El poder del pecado está en tu permiso.* Esta palabra permitir está llena de un tremendo poder. Tú puedes permitir al *pecado* que reine sobre ti al permitirle entrar a tu vida. O tú también puedes permitir a *la gracia de Dios* reinar sobre ti, la cual te da el poder para reinar sobre el pecado.

## Reina por Encima del Desánimo

Ahora, consideremos el área del desánimo. ¿Acaso te das cuenta de que a su vez también le permites al desánimo entrar a tu vida, y que nadie más tiene la culpa de tu miseria además de ti? Hebreos dice:

> *Por tanto, nosotros también, teniendo en derredor nuestro una tan grande nube de testigos, despojémonos de todo peso y del pecado que nos asedia, y corramos con paciencia la carrera que tenemos por delante, puestos los ojos en Jesús, el autor y consumador de la fe, El cual por el gozo puesto delante de El sufrió la cruz, menospreciando el oprobio, y se sentó a la diestra del trono de Dios. Considerad a Aquél que sufrió tal contradicción de pecadores contra sí mismo, para que vuestro ánimo no se canse hasta desmayar.*
>
> (Hebreos 12:1-3)

La escritura habla de *causar*, no *permitir*. Para hacer a un lado los desánimos de la vida, tú debes *causar* que se mueva fuera de tu vida. De otra manera, la maldición de desánimo se apoderará de ti. Si tú te sientas, estando de ocioso, aunque sea por un solo día, te vas a sentir desanimado. Si sólo te sientas en tu día libre, sin hacer nada más, observa lo que va a suceder. A medida que tú miras a tu vida, Satanás te pintará un cuadro de destrucción. De repente, tú estarás viendo tu pasado; él te recordará lo miserable que eres. Entonces, te tratará de convencer de que no estás logrando nada.

A menos que tomes una acción que cause algo, tú nunca te podrás deshacer del desánimo. Tienes que tomar la iniciativa. Como apenas leímos, tú necesitas ver a Jesús, el autor y consumador de tu fe. Involúcrate en la carrera que tienes por delante. Si no te mueves, el desánimo te tomará por sorpresa. Tú tal vez quieras culpar a otros por tu miseria, siendo que la responsabilidad es solamente tuya. Nadie fuera de ti es responsable de dejar entrar esa miseria.

## Reina por Encima de la Contienda

¿Existe algo acerca de la contienda? Pablo escribió lo siguiente:

*Nada hagáis por contienda o por vanagloria; antes bien con humildad, estimando cada uno a los demás como superiores a él mismo.*
(Filipenses 2:3)

Como estudiamos anteriormente, la palabra *contienda* significa "estar en desigualdad con". Tú tienes que permitir a la contienda que suceda. Y no puede suceder, a menos que tú le des alguna ventaja. La contienda es una maldición, una proclamación de la voluntad enfermiza, y un total detrimento. Disminuye totalmente tu fuerza y tu motivación. Tú te conviertes en una persona conflictiva, y te encuentras afectado por la negatividad de la vida, a causa de haberle permitido a la contienda entrar a tu vida.

Tal vez, te sorprenda el hecho de que existen ciertas personas a quienes procuro no hablarles. Yo no escucho a la contienda, y trato de no permitir que esté cerca de mí.

De otra manera, se volvería parte de mí. Entonces, yo me encontraría predicando mensajes llenos de amargura, transmitiendo esa misma contienda a la gente en mi iglesia. Como puedes darte cuenta, mi libertad de la contienda, les libera a ellos a su vez de la contienda; pero de la misma manera, mi atadura también podría atarlos a maldiciones, y yo simplemente no podría soportar que eso sucediera.

Tú debes sustituir a la contienda con paz. Jesús dijo:

*La paz os dejo, mi paz os doy; yo no os la doy como el mundo la da. No se turbe vuestro corazón, ni tenga miedo.* (Juan 14:27)

Pablo escribió lo siguiente acerca de esta paz:

*Y la paz de Dios gobierne en vuestros corazones, a la que asimismo fuisteis llamados en un solo cuerpo; y sed agradecidos. La palabra de Cristo more en abundancia en vosotros, enseñándoos y exhortándoos unos a otros en toda sabiduría, cantando con gracia en vuestros corazones al Señor con salmos, e himnos, y cánticos espirituales.*

(Colosenses 3:15-16)

¿Acaso puedes causar tú que la paz de Dios gobierne? ¡No! Tú no puedes hacer que la paz suceda. Tú permites que la paz de Dios reine en tu vida. Si tú quieres que la paz te gobierne, entonces tú debes permitírselo al Espíritu Santo, Quien es paz.

Cállate, cálmate, y permite así que la paz de Dios reine en ti.

¿Acaso causas tú a la Palabra de Dios para que habite en tu corazón en abundancia, o simplemente se lo permites? ¿Cómo es que logras que la Palabra reine en tu corazón? Tú no puedes simplemente sentarte y decir, "Bueno, Palabra de Dios, gobierna mi vida. Te doy el permiso para que lo hagas". ¡No! Tú debes causar que la Palabra de Dios gobierne tu vida. Tú debes actuar para que esto ocurra. Tienes que sembrar esa Palabra en tu propia vida. Vé al lugar donde tú puedas oír o leer la Palabra de Dios. Si tú no actúas primero para obtener la ventaja para ti, el enemigo tomará la ventaja a causa de tu ignorancia.

## Reina a Través de una Fuerte Confesión

Mantén tus palabras alineadas con la Palabra de Dios. Mantén tu profesión de fe firmemente. De otra manera, Satanás usará palabras negativas para restringir la Palabra de Dios y que no pueda tener efecto en tu vida. Estas palabras negativas pueden aun salir de tu propia boca. Algunas veces, cuando oramos oraciones de liberación, realmente estamos orando para liberarnos a nosotros mismos de nuestras propias palabras.

> *Por tanto, teniendo un gran Sumo Sacerdote que traspasó los cielos, Jesús el Hijo de Dios, retengamos nuestra profesión. Porque no tenemos un sumo sacerdote que no pueda compadecerse de nuestras debilidades, sino uno que fue tentado en todo según nuestra semejanza, pero sin pecado. Acerquémonos, pues, confiadamente al trono de la gracia, para alcanzar misericordia y hallar gracia para el oportuno socorro.* (Hebreos 4:14-16)

La palabra permitir en estos versículos es en realidad la palabra *causar*. Cuando tú profesas la Palabra de Dios, tú estás causando que tus palabras sean estables.

¿Cómo es que te acercas al trono de gracia? ¿Acaso dices, "Bueno, Dios, si en verdad quieres bendecirme, llévame exactamente a tu mismo trono. Estoy listo, sólo hazlo". ¿Eso sería solamente permiso. No, tú debes causar que tú mismo llegues hasta el trono de Su gracia. ¿Cómo es que puedes entrar?

> *Así que, hermanos, teniendo libertad para entrar en el Lugar Santísimo por la Sangre*

*de Jesucristo, por el camino nuevo y vivo que*
*El nos abrió a través del velo, esto es, de Su*
*carne.* (Hebreos 10:19-20)

Tú tomas la verdad acerca de la Sangre de
Jesús, y te causas a ti mismo a creerlo.

Debes rehusar escuchar las voces de acusación, ridículo y negatividad, y tú te causas a ti
mismo a entrar en el trono de Dios a través de
la Sangre de Jesús y por el velo de Su carne. Los
versículos 21-22 continúan diciendo:

*Y teniendo un gran sacerdote sobre la casa*
*de Dios, acerquémonos con corazón sincero,*
*en plena certidumbre de fe, purificados los*
*corazones de mala conciencia, y lavados los*
*cuerpos con agua pura.* (Hebreos 10:21-22)

¿Quién es quien tiene que tomar acción aquí?
¿Tenemos que *permitir* el acercarnos, o tenemos
que *causar* el acercarnos? Si tú quieres estar cerca
de Dios, tú debes causar que tú estés cerca de El.

En los versículos 23-24 leemos:

*Mantengamos firme, sin fluctuar, la profe-*
*sión de nuestra esperanza, porque fiel es El*
*que prometió. Y considerémonos unos a otros*
*para estimularnos al amor y a las buenas*
*obras.* (Hebreos 10:23-24)

¿Cómo es que tú retienes tu profesión?
¿Causas tú o sólo permites que tus palabras de
fe lleguen a ti? Obviamente, tú eres quien causas

tus propias palabras.

¿Cómo es que tú puedes provocar a otros a las buenas obras? Hay gente que me ha dicho, "Pastor Gary, tú siempre nos estás apresurando a que nos movamos, y francamente, estoy cansado. Lo único que quiero es estar en un lugar donde no me provoquen a hacer nada".

Yo les he contestado, "Entonces, tú estarás en un lugar donde sólo te sientas cómodo; y al hacerlo, estarás permitiendo a las maldiciones llegar a tu vida. Cuando conoces la Palabra de Dios, ésto en sí te provoca y causa un fuerte impacto en tu vida. Yo no sería un pastor eficiente, si no te estuviera tratando de provocar a las buenas obras, para que tomes acción en algo". Algunas gentes preferirían estar en una posición donde no conocieran la verdad, a fin de que pudieran huir de la confrontación con la misma, y no tener ninguna provocación que los llevara a la acción. Algunos podrían referirse a este libro como "una enseñanza muy pesada", porque coloca la responsabilidad bíblica sobre sus hombros, y los provoca a realizar buenas obras.

*Cómo Identificar y Remover Maldiciones* revela cómo es que la gente puede detener o permitir maldiciones, y de la misma manera, permitir o detener bendiciones.

Como ves, si tú te causas a ti mismo a someterte a Dios, a obedecer Su Palabra, y a vivir bajo la Sangre de Jesús, entonces tú estarás permitiendo "toda buena dádiva y todo don perfecto—

que vienen...de lo alto" (Santiago 1:17). Tú le das al Espíritu Santo el permiso para gobernar en tu hogar, como consecuencia de tus acciones de obediencia. Y esto es una bendición.

Pero si por el contrario, tú causas que tú mismo no vivas de acuerdo con los propósitos de Dios para tu vida, entonces tú le has permitido entrar al diablo. Y por consiguiente, le has dado *permiso* para realizar toda obra mala en tu vida y en las vidas de todas aquellas personas que te rodean. Esto es la consecuencia de tus acciones de desobediencia. Esto es maldición.

Hoy mismo, yo te exhorto—de la misma manera en que Moisés urgió a los hijos de Israel—a escoger la bendición, y no la maldición. Haz esto, no solo por tu propio beneficio, sino también por el beneficio de tus hijos, y de los hijos de tus hijos.

*A los cielos y a la tierra llamo por testigos hoy contra vosotros, que os he puesto delante la vida y la muerte, la bendición y la maldición; escoge, pues, la vida, para que vivas tú y tu descendencia.* (Deuteronomio 30:19)

## Cómo Causar y Permitir las Buenas Circunstancias

Tú debes entender biblicamente todo aquello que tú causas o permites. *Todo aquello que permites, es precisamente lo que vas a obtener.* Y todo aquello que desconoces, definitivamente te va a lastimar, porque de una manera inconsciente tú estás permitiendo malas circunstancias dentro de tu vida. Así que ¿cómo permites que entre lo bueno?

## Confiesa La Palabra

Primero, tú tienes que confesar lo que dice la Palabra de Dios acerca de quién eres y de lo que tienes. Tú siembras para ti mismo y te paras en la Palabra de Dios, para que se convierta en una ventaja para ti. Debes sostener firmemente tu profesión de fe. De tu boca van a venir bendiciones o maldiciones. Así que, si tú quieres crear bendición, tú debes hablar aquello que es solamente la Palabra de Dios.

## Toma Acciones Concretas

Siguiente, tú debes actuar en contra de ese enemigo que está retando tu autoridad. Si tú no le resistes, tú estarás aceptando el reto. Tú debes levantarte en contra de los esfuerzos que el enemigo tiene en contra tuya. Recuerda:

*Someteos, pues a Dios; resistid al diablo, y huirá de vosotros.* (Santiago 4:7)

## Ejecuta Acción Ofensiva, Pero Obediente

Entonces, tú debes actuar para causar el resultado que estás buscando—actuando en la Palabra de Dios. Así que, hablas lo que dice la Palabra de Dios. Haciéndolo, tú estás resistiendo la maldición que el enemigo quiere colocar sobre ti. Entonces, de tu propia voluntad, tú haces solo aquello que la Palabra de Dios indica, causando así, que la Palabra tenga efecto en tu vida. Hazlo.

¿"Pero qué pasa si todo a mi derredor parece estar derrumbándose"? Hazlo.

¿"Pero qué tal si no se ve que nada vaya a suceder"? Hazlo. ¿Por qué? Porque si tú no lo haces, tú vas a estar engañado por ti mismo, y vas a causar maldición sobre ti mismo. Si no lo haces, tú estarás *permitiendo* que venga la maldición. Un hombre que no actúa en la Palabra de Dios, es un hombre engañado por sí mismo en cada nivel y circunstancia de la vida.

¡Detén al enemigo en el Nombre de Jesús! Causa esa acción. Habla las palabras. Resiste esa maldición que está tratando de caer sobre ti. Reviértela al *causar* una acción que traiga resultados positivos. ¿Qué tipo de acción puedes invocar tú, a fin de traer bendición? ¿Cuáles son aquellas cosas que tú puedes causar? Recuerda que la palabra permitir puede significar "causar" o "permitir". Tú permites que sucesos lleguen a tu vida. Y a menos que tú Se lo *permitas,* Dios no puede hacer lo que El quiere hacer contigo. ¿Por qué? Es porque tú has permitido que otras circunstancias gobiernen e influencíen tu vida. La clave para esto es el conocimiento y la obediencia a la Palabra de Dios. Así que, primeramente, dedícate a conocerla, y entonces, obedécela.

*Compra la verdad, y no la vendas, la sabiduría, la enseñanza, y la inteligencia.*
(Proverbios 23:23)

Haz que estas cualidades sean las que más desees en la vida. Permite que tu conocimiento y experiencia con Dios sean las posesiones más valiosas que tú tengas. Quítate de las maldiciones, y permítele a Dios bendecirte. Recuerda, ¡"la maldición sin causa (sin darle ventaja) no vendrá"!

Aprende a perdonar y a sobrellevar. Cree lo mejor de los demás, pero al mismo tiempo le permites a tu espíritu ser sensitivo y estar alerta de cualquier cosa que apunte en dirección opuesta. Date cuenta de que a medida que tú cambies, tú estarás haciendo fluir el poder penetrante de la gracia de Dios hacia otros alrededor de ti. No prejuzgues a nada, ni a nadie, sin que primero conozcas la verdad; y entonces, permite que tus palabras sean positivas, y no negativas. Cerremos este capítulo con esta poderosa oración:

Padre, te doy gracias que por el poder de la Sangre de Jesús, tú me has perdonado y liberado. Ya no tengo que vivir más con esas heridas y con esas fuerzas de maldiciones y palabras negativas— tanto las que yo he pronunciado, y asimismo, las que otros han pronunciado contra mí. Yo suelto tu unción sobre aquellos contra los cuales he hablado, y echo fuera al acusador de los hermanos. En el Nombre de Jesús.

Yo levanto el escudo de la fe permanentemente para apagar los dardos de fuego del enemigo. Y con la espada de

Tu Palabra Viva, yo corto toda maldición de mi vida.

Yo ordeno que todo poder de palabras negativas de maldiciones habladas en mi contra, sean atadas y nulificadas. Yo ordeno que todas esas malas palabras sean vueltas en contra de quien las envió. Yo decreto que todos esos espíritus demoníacos ya no tienen ninguna ventaja sobre mí, y que toda acechanza que haya sido colocada para atraparme sea rota. Padre, Tú me has redimido para Tu propósito. Ahora, yo determino seguir mi curso de acuerdo a Tu voluntad, Rey de Gloria.

Padre, gracias por la unción y el poder que se encuentran en Tu Palabra para liberarme. Tú me has destinado por Tu Espíritu Santo para remover todas las maldiciones del enemigo. Tú me has dado el conocimiento de Tu revelación. Yo tengo la mente de Cristo. Yo no permitiré a la maldición del pecado que reine o que influencíe sobre mi vida. Yo reconozco estar muerto al pecado, pero vivo para Dios.

Padre, la Sangre de Jesús me ha lavado. Yo creo que cuando Tú levantaste a Jesús de entre los muertos, Tú perdonaste todos mis pecados. Jesús, yo te recibo en mi corazón. Yo confieso que Tú eres el Señor de este templo. Yo soy destinado para hacer que Tu gracia y Tu bendición gobiernen, Señor; y permitirte que gobiernes en mi vida. Yo me someto totalmente a Ti, resisto al diablo, y él debe huir.

La ignorancia no va a gobernar mi vida. Yo tomo autoridad sobre cada maldición, proclamación de daño, palabra de destrucción, desánimo, y toda contensión o pleito, por el poder del Nombre de Jesús. Yo echo fuera toda acusación. La maldición sin causa no caerá sobre mí. Yo causo al amor de Dios fluir de mi corazón, y buscaré toda oportunidad para expresar la Palabra de Dios. Señor, Tú bendición de paz reina sobre mi mente, desde este mismo momento. En el Nombre de Jesús. Amén.

# 6
# Remueve las Maldiciones Financieras

Ahora, tú has llegado al último capítulo de este libro, *Cómo Identificar y Remover Maldiciones*, pero el cual es de mucha importancia.

En esta sección estudiaremos una de las más significantes áreas de aflicción para el Cuerpo de Cristo hoy en día.

Cada semana, todo mi equipo y yo oramos por multitudes de peticiones que llegan al ministerio mundial de Gary Whetstone. Hemos visto también decenas de miles de personas formadas en líneas, esperando oración, por todas partes del mundo por donde hemos ido. A través de este contacto con el Cuerpo de Cristo, he podido descubrir que el mayor reto que enfrenta un muy grande número de cristianos, es de tipo económico. Sus ingresos no están creciendo, y por consiguiente, no pueden pagar todas sus deudas. La acumulación de sus deudas los mantiene en un ciclo vicioso de estar pidiendo prestado. La Biblia llama a esto simplemente una maldición.

A medida que tú comienzas este capítulo, abre completamente tu corazón a la obra del Espíritu Santo. Es tiempo de quitar la maldición de tu vida, así como de la vida de tus familiares. Es tiempo de romper las ataduras económicas y financieras de la visión que Dios tiene para ti.

Ahora, vayamos a la Biblia para ver cómo podemos destruir las maldiciones financieras que están sobre tu vida.

## A Dios Le Importa Tu Economía

La Palabra de Dios tiene más que decir acerca de finanzas, propiedades, mayordomía, y acerca de la administración de las cosas, ¡más que de cualquier otro tópico! Este tema es muy importante para Dios. Tu situación económica le interesa a El—aún mucho más de lo que te interesa a ti.

### Debes Dar con un Corazón Puro

Veamos a la historia de una pareja en la Biblia: Ananías y Safira. Tú puedes leer la historia completa en el libro de Hechos 4:32-5:16. Esta pareja de esposos tenían aspiraciones para el liderazgo de su congregación en el Nuevo Testamento. En esta iglesia, los creyentes estaban vendiendo sus tierras y propiedades, y de ello, dándolo a la iglesia. Toda la congregación vivía en armonía, y nadie carecía de nada. Ellos experimentaban el poder de Dios asombrosamente de forma regular. Ahora, cuando Ananías y Safira habían vendido una parte de su propiedad, ellos se pusieron de acuerdo para quedarse con una parte de ello, en lugar de darlo todo completamente a Dios. Entonces, la pareja mintió, rebajando el precio de la venta que habían realizado. Como un resultado trágico, ellos cayeron muertos instantáneamente.

Tú tal vez estés preguntando, ¿"Por qué se enojó Dios con Ananías y con Safira? Después de todo, podían dar libremente y aun como sacrificio lo que quisieran del valor de la propiedad que habían vendido". Sí, esta pareja dio una considerable suma, como sacrificio de ofrenda, pero su pecado consistió en la forma cómo lo hicieron. Ananías y Safira mintieron al Espíritu Santo.

> Y dijo Pedro; Ananías, ¿por qué llenó Satanás tu corazón para que mintieses al Espíritu Santo, y sustrajeses del precio de la heredad? Reteniéndola, ¿no se te quedaba a ti? Y vendida, ¿no estaba en tu poder? ¿Por qué pusiste esto en tu corazón? No has mentido a los hombres, sino a Dios.   (Hechos 5:3-4)

Recuerda, Dios ve más allá de tus acciones, dentro de tus actitudes y de las motivaciones de tu corazón.

> Porque Jevohá no mira lo que mira el hombre; pues el hombre mira lo que está

*delante de sus ojos, pero Jevohá mira el*
*corazón.*                    (1a. Samuel 16:7)

Y aunque la apariencia mostraba la importancia de un regalo muy grande, el corazón de Ananías y de Safira era malvado. La versión Amplificada clarifica esto:

*Pero Pedro dijo, Ananías, ¿por qué llenó Satanás tu corazón para que mintieras y trataras de engañar al Espíritu Santo, y que dedujeras (violando tu promesa) secretamente y apartaras para ti parte del precio de la venta de la propiedad? Mientras estaba sin vender, ¿acaso no era tu propiedad todavía? Y aun después de haberla vendido ¿acaso no estaba todo ese dinero a tu disposición y bajo tu absoluto control? ¿Por qué entonces, es que propusiste en tu corazón hacerlo así? ¿Cómo tuviste ese tipo de corazón para realizar algo así? Tú no has mentido solamente a los hombres—comportándote falsamente y mostrándote como engañador—sino has mentido a Dios.* (Hechos 5:3-4, Versión Amplificada en Inglés)

Si tus motivos para dar son pecaminosos, no importa qué tan grande es tu ofrenda, o qué tanto te sacrificaste para darla. El pecado es hediondo para Dios. Así que, si tú quieres mostrar tu amor y agradar a Dios, ¡debes mantener tu corazón puro en todo lo que hagas—especialmente cuando se trata de dar!

## Las Garantías de Dios

¿Cómo puedes estar seguro de que tu corazón está puro con relación a tu dinero? Jesús nos dio una forma de probar si nuestros motivos son los correctos. El dijo:

*No os hagáis tesoros en la tierra, donde la polilla y el orín corrompen, y donde ladrones minan y hurtan; sino haceos tesoros en el cielo, donde ni la polilla ni el orín corrompen, y donde ladrones no minan ni hurtan. Porque donde esté vuestro tesoro, allí estará también vuestro corazón.* (Mateo 6:19-21)

¿Qué es lo que verdaderamente importa para ti? ¿En qué lugar tienes al dinero?

¿Gastas tu dinero en tesoros terrenales y en posesiones, o en la obra del reino de Dios? Dónde tú pones tu dinero muestra en dónde tienes tu corazón. ¿Estás contribuyendo tú a la obra del ministerio para ver almas salvadas, sanadas, bautizadas y libertadas? ¿O sólo desperdicias tu dinero comprando lanchas, ropa, joyas, automóviles, y muchas cosas más?

Permíteme aclarar esto. No hay nada de malo en tener posesiones. De hecho, Dios te bendecirá cuando tú le obedezcas. De todas formas, El quiere que tu corazón esté en el lugar correcto. La elección es solo tuya:

- Acumular posesiones egoístamente, solo para que terminen deteriorándose

- O, sin egoísmo, soltar lo que tienes, y Dios te garantiza que no se deteriorará y **no solo eso, ¡El te lo devolverá multiplicado!**

*Dad, y se os dará; medida buena, apretada, remecida, y rebosando darán en vuestro regazo; porque con la misma medida con que medís, os volverán a medir.*    (Lucas 6:38)

Sí, Dios promete que multiplicará tu dádiva al regresarla hacia ti, y que la preservará de la destrucción. Como ves, si tu tesoro está en la tierra y en las cosas de la tierra, la escritura dice que se corromperá y enmohecerá. O que las polillas se lo comerán. Los ladrones lo hurtarán. Por otro lado, si tu tesoro está en el cielo y en la obra de Dios, El personalmente garantizará que tu inversión no se corrompa o se enmohezca. Ninguna polilla podrá comérsela. Ningún ladrón podrá hurtarla. ¿Por qué? Porque tu tesoro—y por lo tanto, tu corazón—están en el cielo. ¿Te das cuenta qué tan poderoso es esto? ¡La forma en que das está mostrando tu corazón!

## Dar Como Sacrificio

Siempre recuerda que Dios no mira a la *apariencia externa* de tus ofrendas, pero a la *condición interna* de tu corazón. De la misma manera, El no mira a la *cantidad* de tu ofrenda, pero a tu *sacrificio*. En el evangelio de San Marcos, existe un excelente ejemplo de esto:

*Estando Jesús sentado delante del arca de la
ofrenda, miraba cómo el pueblo echaba dinero
en el arca; y muchos ricos echaban mucho. Y
vino una viuda pobre, y echó dos blancas, o
sea un cuadrante. Entonces llamando a sus
discípulos, les dijo: De cierto os digo que esta
viuda pobre echó más que todos los que han
echado en el arca; porque todos han echado
de lo que les sobra; pero esta, de su pobreza
echó todo lo que tenía, todo su sustento.*

(Marcos 12:41-44)

¡Aquí, Jesús dijo que una pequeña ofrenda
de una viuda significó más para El, que las largas
ofrendas de los ricos! ¿Por qué? Ella dio un sacrificio de su propia necesidad. Su ofrenda era tan
valioso para ella, y por lo tanto, fue valioso para
Dios. Por el otro lado, los ricos solo daban de lo
que les sobraba. Como ellos no estaban sacrifi-
cando nada, sus ofrendas fueron de menor valor
para ellos, y por consiguiente, de menor valor
para Dios.

Tú tal vez dirás, "Bueno Dios entiende la
situación por la que estoy pasando. Y El no me
pediría que diera nada más de aquello que me
sobra para darlo". Mi querido amigo, es exactamente lo contrario.

¿Recuerdas el sacrificio que realizó David
en la parcela de Ornán? Hemos estudiado esta
historia en el segundo capítulo de este libro.
¿Recuerdas que cuando David hizo su sacrificio,

él insistió en pagar el precio completo por la parcela de Ornán diciendo:

*...la compraré por su justo precio; porque no tomaré para Jevohá lo que es tuyo, ni sacrificaré holocausto que nada me cueste.*
(1a. Crónicas 21:24)

David rehusó sacrificar (darle) a Dios algo que no le hubiera costado. El entendía el significado de dar con sacrificio. Yo quiero animarte para que nunca le des a Dios lo que te sobra en tu vida. Dale con sacrificio. Y después, ¡prepárate para entrar a la victoria!

## Diezmando

Diezmando es una parte crucial de tu dar. Debes manejarlo correctamente, o de lo contrario, tu vida caerá bajo maldición.

Ahora, veamos al diezmo, o las primicias. La palabra *diezmo* significa una décima parte, o un diez por ciento. En el Antiguo Testamento, las *primicias* eran lo primero que se recogía de la cosecha.

### El Diezmo Le Pertenece a Dios

La Palabra de Dios declara que las primicias y el diezmo le pertenecen al Señor:

*Honra a Jevohá con tus bienes, y con las primicias de todos tus frutos.* (Proverbios 3:9)

*Y el diezmo de la tierra, así de la simiente*

*de la tierra como del fruto de los árboles, de Jevohá es; es cosa dedicada a Jevohá.*

(Levítico 27:30)

Tú debes entender el punto de vista de Dios respecto al diezmo. Es muy importante para El. La forma cómo manejas lo que le das al Señor, determina la bendición o la maldición que llegará a tu vida. No puedo enfatizar esto en demasía.

Ya sea que tu ingreso venga de la venta de una propiedad, o de un empleo, o de algún programa de inversiones, tú debes dar el diez por ciento para Dios. No importa de dónde viene, el diez por ciento del total de tus ingresos, antes de impuestos, debe ir directamente a la iglesia para la obra de Dios.

## Los Términos del Pacto

Cuando tú aceptaste a Jesús como tu Salvador personal, tú entraste en un pacto con El. Ahora cada vez que tú celebras la Santa Cena, estás celebrando la muerte y la resurrección del Señor. Y al hacer esto, tú estás afirmando y confirmando ese pacto con Dios. Ahora, tú debes entender los términos de este pacto que hiciste con Dios.

Como puedes ver, cada pacto que se ha celebrado en la Biblia tiene dos aspectos:

- La afiliación y la obediencia al pacto trae bendición.

- La desobediencia o violación del pacto trae maldición.

La única manera de obtener liberación y bendición es a través de obedecer los términos de tu relación pactada con Dios. Pero, si en lugar de obedecer, tú violas ese pacto, tú estás abriendo la puerta para que las maldiciones entren a tu vida. *Las bendiciones y las maldiciones llegan a tu vida a través de tu elección, y nunca por casualidad.* Recuerda, que por tus acciones, o por la falta de ellas, tú estás escogiendo bendiciones o maldiciones (ver Deuteronomio 30:19).

## El Diezmar Trae Bendiciones

Muchos eruditos están de acuerdo en que Abraham (que en aquel entonces era conocido como Abram) fue el primero que dio diezmos a Dios. Examinemos las circunstancias que llevaron a ese primer diezmo registrado en la Biblia.

En medio de una batalla muy larga, cuatro reyes habían capturado al sobrino de Abraham llamado Lot, y también a su familia, junto con todas sus posesiones. Para poder libertar a sus familiares junto con sus bienes, Abraham peleó y ganó la batalla en el Valle de Shavéh en contra de estos cuatro reyes. Después de la victoria de Abraham, él ofreció *el diezmo de todo el botín ganado en la batalla* a un sacerdote llamado Melquísedec.

Fíjate bien, que el diezmo de Abraham no era de lo que *sobraba.* Era el diezmo de todo lo que poseía en su mano. ¡Abraham dio el diezmo del total de sus ingresos—el cual era su "ingreso bruto"!

*Entonces Melquísedec, rey de Salem y sacer-
dote del Dios Altísimo, sacó pan y vino; y
le bendijo diciendo: Bendito sea Abram del
Dios Altísimo, que entregó tus enemigos
en tu mano. Y le dio Abram los diezmos de
todo.* (Génesis 14:18-20)

Después de este tiempo de ofrendas, uno de
los enemigos de Abraham—el rey de Sodoma—
trató de convencer a Abraham para que se que-
dara con todo el botín para sí mismo. Pero de
todos modos, Abraham rehusó, contestándole
que solo Dios—y no el rey de Sodoma—podía
tomar crédito por la bendición en la vida de
Abraham.

*Y respondió Abram al rey de Sodoma; he
alzado mi mano a Jevohá Dios Altísimo,
creador de los cielos y de la tierra, que desde
un hilo hasta una correa de calzado, nada
tomaré de todo lo que es tuyo, para que no
digas: Yo enriquecí a Abram.*

(Génesis 14:22-23)

Como resultado de esto, Abraham se convirtió en el hombre más rico del mundo de
aquel entonces, y Dios recibió la gloria por ello.
Recuerda, Dios había decretado:

*Y haré de ti una nación grande, y te bende-
ciré, y engrandeceré tu nombre, y serás bendición.* (Génesis 12:2)

## Mentira: "El Diezmar No Se Aplica a los Cristianos del Nuevo Testamento"

Muchos han discutido, diciendo, "Bueno, eso sólo es el Antiguo Testamento. Eso está bajo la ley—el antiguo pacto. Ya no tenemos que cumplir con ninguno de esos viejos conceptos. Estamos bajo el pacto del Nuevo Testamento. Dios comprende las necesidades y circunstancias de hoy en día. No tenemos que diezmar".

Recuerda que Abraham comenzó a diezmar *antes de que Moisés diera la Ley.* De todas formas, Dios sabe exactamente donde te encuentras tú hoy en día. Por esto es que tú te puedes "acercar confiadamente al trono de la gracia para obtener misericordia y hallar gracia para el oportuno socorro" (Hebreos 4:16). De todas formas, el dar a Dios las primicias y los diezmos de todo lo que El confía en nuestras manos no es optativo. *El requiere obediencia.* Tú no puedes escapar de ello ni por razonamientos, ni por plegarias. Tú simplemente debes obedecer. Es de esta manera que las bendiciones van a llegar a tu vida.

Permíteme explicarte cómo pasaron los diezmos del Antiguo al Nuevo Testamento, y por qué es que nosotros debemos continuar diezmando hoy en día.

Después de que Abraham diezmó por primera vez, esto se convirtió en una ley para el Antiguo Testamento. Los diezmos de la gente eran para el sostenimiento de los sacerdotes levitas y con ello suplían sus diarias necesidades en el templo. Ahora, veamos juntos una escritura en el último libro del Antiguo Testamento:

*Porque Yo Jevohá no cambio; por esto, hijos de Jacob, no habéis sido consumidos. Desde los días de vuestros padres os habéis apartado de mis leyes, y no las guardasteis. Volveos a Mí y Yo me volveré a vosotros, ha dicho Jevohá de los ejércitos. Mas dijisteis: ¿En qué hemos de volvernos?* (Malaquías 3:6-7)

El siguiente concepto es muy poderoso. Fíjense en la primera oración, que dice:

*¿Robará el hombre a Dios? Pues vosotros me habéis robado. Y dijisteis: ¿En qué Te hemos robado? En vuestros diezmos y ofrendas. Malditos sois con maldición, porque vosotros, la nación toda, me habéis robado.* (Malaquías 3:8-9)

Pon atención a la primera palabra en este pasaje. Aquí, la Palabra de Dios no dice "podrá robar"? Simplemente dice "robará"? Esto significa que la persona tiene una decisión. Si él escoge robar a Dios, ciertas consecuencias en su contra— la maldición—vendrá sobre él. Si por el contrario, él escoge no robar a Dios, entonces serán las bendiciones, las que vendrán sobre él.

Aquí se encuentra la más grande clave para lograr aquellos retos financieros en tu vida. Al robarle a Dios "en los diezmos y en las ofrendas"

Tú abres la puerta a la maldición, no solo sobre ti mismo, sino también sobre tu familia, la iglesia donde asistes, tu trabajo, y al fin de cuentas, ¡todas aquellas gentes que te rodean!

Entonces, ¿qué es lo que dice la Biblia? ¿Acaso dice, "Estás maldito y ya no hay nada que puedas hacer"? No, la Palabra dice:

> *Traed todos los diezmos al alfolí, y haya alimento en mi casa.* (Malaquías 3:10)

En Juan 4 versículos 34 al 38, Jesús aclara lo que *alimento* significa. El dice:

> *…Mi comida es que haga la voluntad del que me envió, y que acabe su obra.* (Juan 4:34)

Así que, debemos traer los diezmos al "alfolí", que es la iglesia local que ejecuta la voluntad de Dios.

Este es el lugar donde dan el alimento de la Palabra de Dios a los hombres, mujeres y niños. Para ti en particular, "el alfolí" es donde tú estás recibiendo la fortaleciente Palabra de Dios. La Biblia continúa diciendo en Malaquías:

> *Y probadme ahora en esto, dice Jevohá de los ejércitos, si no os abriré las ventanas de los cielos, y derramaré sobre vosotros bendición hasta que sobreabunde.* (Malaquías 3:10)

En otras palabras, Dios te está diciendo, "Fíjate, ahora Yo voy a traer bendición sobre ti, cada vez que tú me das tu diezmo".

El siguiente versículo dice:

> *Reprenderé también por vosotros al devorador, y no os destruirá el fruto de la tierra, ni vuestra vid en el campo será estéril, dice Jevohá de los ejércitos. Y todas las naciones os dirán bienaventurados.*
>
> (Malaquías 3:11-12)

¿Por qué es que tú vas a ser bendecido? Es a causa de que tú tienes un pacto con Dios y tú le estás honrando con el diezmo, o con las primicias. El versículo 12 continúa, diciendo:

> *Porque seréis tierra deseable, dice Jevohá de los ejércitos.*
>
> (Malaquías 3:12)

"Eso es maravilloso", tú podrás decir, "pero esto es aun parte del Antiguo Testamento. ¿Dónde podemos encontrar el diezmo en el Nuevo Testamento"?

¡Qué bueno que preguntaste! Va juntamente con el anterior. Como puedes darte cuenta, la Biblia es una continuación. Al conocer el Antiguo Testamento, tú podrás entender mucho mejor el Nuevo Testamento. Recuerda que es muy importante que tú entiendas la Palabra de Dios como un Todo—y no cortada en pedacitos.

En las páginas anteriores, he establecido un fundamento desde el Antiguo Testamento, sobre el cual podemos edificar.

Recuerda, Jesús no vino para desechar el Antiguo Testamento, sino para cumplirlo. El dijo:

*No penséis que he venido para abrogar la ley o los profetas; no he venido para abrogar sino para cumplir (la ley).* (Mateo 5:17)

Teniendo nuestro estudio acerca del diezmo firmemente aprendido en tu mente, veamos ahora lo que dice el libro de Hebreos.

Recuerda que esto es ahora en el Nuevo Testamento.

*Porque este Melquísedec, rey de Salem, que salió a recibir a Abraham que volvía de la derrota de los reyes, y le bendijo, a quien asimismo dio Abraham los diezmos de todo... sino (Melquísedec) hecho semejante al Hijo de Dios (Jesús), permanece sacerdote para siempre.* (Hebreos 7:1-3)

Entonces, en el versículo siete encontramos una tremenda revelación acerca de dar el diezmo:

*Y sin discusión alguna, el menor es bendecido por el mayor. Y aquí ciertamente reciben los diezmos hombres mortales; pero allí, uno de quien se da testimonio de que vive.* (Hebreos 7:7-8)

Aquí, la Biblia hace pedazos algunas de esas

falsas doctrinas y pensamientos que han mantenido al Cuerpo de Cristo bajo maldición. Este versículo explica que hoy día—en el pacto del Nuevo Testamento—hay dos personas que están recibiendo tus diezmos. Uno es el ministro a quien tú entregas la décima parte de tus ingresos brutos. Allí, tu diezmo va a las manos de una persona. Ahora, esta persona es mortal, humana, que un día morirá (a menos que Jesús venga primero). La Segunda persona que recibe tus diezmos, es Aquel "de quien se da testimonio de que vive". Si continúas leyendo Hebreos, se establece bien claro, que se está refirendo a Jesús. *¡En el cielo, Jesús mismo recibe tus diezmos!*

> *Y esto es aun más manifiesto, si a semejanza de Melquísedec se levanta un sacerdote distinto, no constituido conforme a la ley del mandamiento acerca de la descendencia, sino según el poder de una vida indestructible. Pues se da testimonio de El: Tú eres sacerdote para siempre, según el orden de Melquísedec. (Esto está haciendo referencia al Salmo 110:4, ilustrando que Jesús cumplió esta profecía). Por tanto, Jesús es hecho fiador de un mejor pacto. Y los otros sacerdotes llegaron a ser muchos, debido a que por la muerte no podían continuar; mas éste, por cuanto permanece para siempre, tiene un sacerdocio inmutable.*
>
> **(Hebreos 7:15-17, 22-24)**

¿Te imaginaste alguna vez, que actualmente Jesús mismo, es quien recibe tus diezmos en los cielos? Sí, El lo hace, porque el diezmo *es algo muy santo para Dios*. Es solamente Suyo. Pero de todas formas, te lo confía por algún tiempo para ver si tú te convertirás en un ladrón.

## ¿Cuáles Son los Resultados de Robarle a Dios?

Recuerda la escritura en Malaquías donde estaba preguntando, ¿"Robará el hombre a Dios"? ¿Qué es robar? Para poder comprenderlo mejor, vamos a comparar el robo con otras formas de delitos.

- Fraude es el hecho de obtener dinero ilegalmente a través de falsificar documentos, recibos, etc.
- Hurtar es el hecho de entrar a escondidas a un lugar para tomar las posesiones que le pertenecen a otro.
- Robo o asalto es la única forma de hurto que implica el riesgo de daño físico.

Por ejemplo, piensa en un *robo armado*. Este es el hecho de robar a una persona, utilizando un arma violenta (que puede ser una pistola) para lastimarlo a él o a otra persona. Como ves, robo no es solamente quitarle algo a la otra persona, por el solo hecho de que lo deseamos, o para nuestro provecho. No, el robo conlleva riesgo físico.

Tú tal vez quieras preguntar, ¿"Qué riesgo

físico existe en el hecho de no dar mi diezmo a Dios"? ¡El cuerpo que tú estás dañando es el Cuerpo de Cristo! Como te puedes dar cuenta, cuando tú retienes el diezmo de Dios, estás impidiendo que hombres, mujeres y niños, puedan escuchar el evangelio de Cristo Jesús. Tu falta de diezmar, le impide al mismo Cuerpo de Cristo, alimentarse, fortalecerse y nutrirse. El Cuerpo de Cristo no puede alcanzar al mundo de una manera efectiva para salvar a aquellos que se están perdiendo y muriendo en esta generación—aquellos por los cuales Jesús pagó con el precio de Su sangre.

En esta forma de robo, tú no sólo estás lastimando a Dios y al Cuerpo de Cristo, pero también te estás privando a ti mismo y a tu familia, de las bendiciones de Dios. De todas formas, de acuerdo a Malaquías, cuando tú das tus diezmos y tus ofrendas a Dios, El abre las ventanas de los cielos y además reprende al devorador. El bendice todo lo que te rodea.

Recuerda, esto no es acerca de lo que el hombre piensa que es justo. Esto es acerca de un justo Dios, Quien ha dado a Su Unigénito Hijo por ti. Y todo lo que El te está pidiendo, es que lo honres al darle tu diezmo. Que Dios te bendiga. Dale a El todos tus diezmos y ofrendas.

## Revierte la Maldición Financiera para Recibir Bendición Económica

El salmista declara:

> *Canten y alégrense los que están a favor de
> mi justa causa, y digan siempre; sea exaltado
> Jevohá, que ama la paz de su siervo.*
>
> (Salmo 35:27)

Compartí anteriormente en Levítico 27, versículo 30, que la Biblia declara que el diezmo es "santo para el Señor":

> *Y el diezmo de la tierra, así de la simiente
> de la tierra como del fruto de los árboles, de
> Jevohá es; es cosa dedicada a Jevohá.*
>
> (Levítico 27:30)

Ahora, quiero que visualices tu vida. Dios te está confiando el 100 por ciento. Una décima parte es Suya—apartada para Jevohá, santificada para Su uso, y designada para El solamente. Es Suya. Tú tienes la más grande oportunidad de traer bendición y revertir la maldición a través de *hacer una sola cosa.* Mira a todo lo que llega a tu vida—tu ingreso bruto. Ahora, calcula diez por ciento de ese número, y dáselo a Dios. Haz esto regularmente sin fallar.

A medida que tú escribes tu cheque de diezmo, o que lo des en efectivo, o que uses una tarjeta de crédito, levántalo delante del Señor Viviente Jesucristo. De acuerdo al séptimo capítulo de Hebreos, y del tercer capítulo de Malaquías, repite esta oración mientras tú entregas tu diezmo:

Señor Jesús, recibe este diezmo. Yo te bendigo y te honro en este momento con las primicias de todos mis ingresos. Perdóname por no haberte dado mis diezmos en el pasado.

Padre, perdóname por haberte robado antes, y no solo a Ti, sino al Cuerpo de Cristo, y a aquellos en derredor de mí.

Dios Todopoderoso, en este día te presento mi diezmo. Ahora, pruébate a Ti mismo, de acuerdo a Tu Palabra. Yo creo que Tú eres un Dios que guarda el pacto, y que también rompes el poder de la maldición; abres las ventanas de los cielos y estás invocando bendiciones sobre mi familia, iglesia, comunidad, y sobre mi trabajo.

Ahora yo soy bendecido en mi entrar y en mi salir.

Y en el Nombre de Jesús, yo le ordeno a toda maldición económica que exista sobre mi vida que deje de existir. ¡En este mismo momento! Yo rompo la maldición de la realización prematura de los sueños y visiones en mi vida. Yo declaro que los sueños y visiones de Dios para mi vida, vendrán en el tiempo apropiado de Dios. En el Nombre de Jesús, yo detengo el poder del devorador sobre mi vida, desde este mismo momento.

Desde este día en adelante, yo diez-
maré continuamente. Por lo tanto, yo
estaré debajo de tu cielo abierto, con una
lluvia perpétua de bendiciones del Señor
desde lo alto para mí. En el Nombre de
Jesús. Amén.

¡Aleluya! Si tú repetiste esta oración conmigo en voz alta, haciendo un compromiso con el
Señor para diezmar desde ahora en adelante, ¡no
va a haber hombre o demonio que pueda revertir
las bendiciones que Dios tiene guardadas para ti!
Recuerda, tú estás a cargo de tu destino en relación con este pacto, porque tú eres quien escoge-
rás *obedecer o desobedecer los términos de este pacto*.
Dios siempre cumple Su parte. A ti te toca cumplir el resto. Es así de simple.

Tu diezmo debe ir a tu iglesia local. En este
día, si tú no formas parte de una iglesia local a
la que atiendas con regularidad, yo te invito a
comenzar a diezmar con este ministerio:

Gary Whetstone Worldwide
Ministries (G.W.W.M.)
P.O. Box 10050
Wilmington, DE 19850 U.S.A.

Este ministerio es tierra fértil buena, donde
tú puedes sembrar tu diezmo.

Entonces, cuando tú encuentres una iglesia
local que te alimente de la Palabra de Dios, paga

tu diezmo en ese lugar, y continúa plantando tu semilla de diezmos, y al mismo tiempo tú puedes mandar ofrendas también a G.W.W.M. como ofrendas misioneras.

No te olvides de una cosa, Satanás puede obtener ventaja sobre de ti de una sola manera. Y ésa es si tú se la das a él.

Recuerda la escritura que ha sido el tema de este libro:

- *Como el gorrión en su vagar, y como la golondrina en su vuelo, Así la maldición nunca vendrá sin causa.*        (Proverbios 26:2)

Hemos estudiado extensamente la palabra *"sin causa"* la cual significa "sin ventaja". No le abras la puerta al enemigo para que tome ventaja sobre tu lenguaje, pensamientos, creencias, y, finalmente, *a través de la forma en que das.*

¡Deseo que seas bendecido grandemente! Permítele a la Palabra de Dios arder fuertemente dentro de ti. No permitas que se convierta en "conocimiento mental" solamente. Coloca esta revelación en tu espíritu. Lee este libro una y otra vez.

Comparte con tus amigos y con toda tu familia este asombroso libro. Actúa en ello. Declara continuamente la Palabra de Dios. Ancla tu vida en la verdad. Suelta de tu mano el diezmo—lo cual representará una bendición para ti. Dáselo a Dios. ¡Y ahora mismo revierte toda maldición! ¡Es tu derecho el ser totalmente libre!

## Una Palabra del Señor

Mientras yo estaba escribiendo esto, yo sentí el poder del Espíritu Santo dejándose sentir dentro de mi espíritu. El tiene una palabra especial para ayudarte, ahí donde tú estás, en este mismo momento. Por favor, escucha esto con tus oídos espirituales:

"Porque en este día", dice el Espíritu del Señor, "se despejarán las nubes de obscuridad delante de tus ojos. Todo aquello que ha estado en oscuridad para ti—obscureciendo tu camino, limitando tu futuro, y limitando también aquello que Yo estoy haciendo—no será más, desde este día.

"El enemigo ha venido delante de ti—día tras día, año tras año. El ha estado burlándose del mismo Dios, al cual tú perteneces, al cual tú has sido enviado para representar, y Quien vive en ti. Desde este día, tú pisarás en un suelo parejo, en el cual, el enemigo es solo otro de los escalones. Porque éste no es día en que negociarás con tu enemigo. Este es el día en que tú pulverizarás la cabeza de la serpiente, para hacer que el poder de la maldición quede totalmente sin efecto.

"Levántate, *sabiendo con toda certeza*, que en El, todas las cosas que pertenecen a la vida y a la piedad te han sido dadas. Conviértete en la persona de bendición que has sido enviada a ser en la tierra. Cumple ese destino tuyo que te ha sido designado por Dios solamente. Al hacerlo, no sólo te estarás liberando a ti mismo, sino a tu familia, a tu ciudad, pero aun te convertirás en un liberador de este mundo. Será conocido de todos que tú eres uno que repara las grietas, y que restaura las calles para que puedan ser habitadas.

"No te impresiones", dice el Espíritu de Dios, "porque el poder de convicción será tan fuerte en tu vida, que nadie podrá soportar la misma sabiduría del Espíritu de Dios, que será quien esté hablando a través de ti. No te impresiones cuando el pecado se muestre obviamente pecaminoso ante ti, y el clamor de los corazones de los justos sea establecido en ti. Se convertirá en el parámetro desde el cual, tú no concederás jamás. Y tampoco permitirás la voz de aquellos que quieren contradecir, los cuales no me conocen, y por lo tanto, no tienen por qué poner en tu vida ningún tipo de soborno para que cambies tu estilo de vida.

"Este día, vengan aparte, y sepárense", dice el Espíritu del Señor. "Estoy aquí para bendecirte".

¡Gloria a Dios! ¡Qué manera de terminar un libro! Este es el tiempo, mi amigo.

¡Rompe las cadenas! Permite que esa palabra profética del Espíritu arda dentro de ti. Es tu tiempo para prevalecer y reinar. ¡Vive en bendición, y no permitas que nada traiga maldición a tu vida nunca más!

# Apéndice:
# Cómo Recibir el Regalo
# Gratuito de Dios

¿Alguna vez has recibido el regalo gratuito de Dios de la Vida Eterna? ¿Sabes con seguridad que si murieras hoy mismo tú vas al cielo? La Vida Eterna es un regalo de Dios. Cuando Jesucristo murió en la cruz, y resucitó físicamente de la tumba, El pagó el precio por nuestros pecados. La Biblia dice:

> *Porque de tal manera amó Dios al mundo, que ha dado a su hijo unigénito, para que todo aquel que en El cree, no se pierda, mas tenga vida eterna.* (Juan 3:16)

Como Jesús pagó por este don, nosotros no tenemos que hacerlo.

> *Mas a todos los que le recibieron, a los que creen en su nombre, les dio potestad de ser hechos hijos de Dios.* (Juan 1:12)

*Porque por gracia sois salvos por medio de la fe y esto no de vosotros, pues es don de Dios; no por obras, para que nadie se gloríe.*

(Efesios 2:8-9)

Que si confesares con tu boca que Jesús es el Señor, y creyeres en tu corazón que Dios le levantó de los muertos, serás salvo.

*Que si confesares con tu boca que Jesús es el Señor, y creyeres en tu corazón que Dios le levantó de los muertos, serás salvo. Porque con el corazón se cree para justicia, pero con la boca se confiesa para salvación.*

(Romanos 10:9-10)

Ahora, repite conmigo esta oración en voz alta:

Padre, gracias por amarme. Gracias por dar a Tu Hijo, Jesús, para que muriera por mí.

Jesucristo, Hijo de Dios, entra a mi corazón, perdona mis pecados, y conviértete en mi Señor y Salvador. Jesús, yo confieso que Tú eres el Señor, y que Tú eres Señor de mi vida. En el Nombre de Jesús. Amén.

¡Ahora, tú has nacido de nuevo!

Todos los creyentes tienen el derecho de recibir más de 7000 promesas que Dios ha escrito en Su Palabra. ¡Y esto te incluye a ti desde ahora!

Para aprender acerca de estas promesas, asiste a una iglesia regularmente. Si tú te encuentras en el área de New Castle, Delaware, te invitamos a que te reunas con nosotros para estos servicios en Victory Christian Fellowship. Visita nuestro lugar en la internet en www.gwwm.com para obtener direcciones sobre cómo llegar, y para mayor información.

> De modo que si alguno está en Cristo, nueva creatura es; las cosas viejas pasaron; he aquí todas son hechas nuevas.
>
> (2a. Corintios 5:17)

Para mayor información acerca de tu nueva vida en Cristo, por favor ordena el libro titulado *El Caminar Victorioso. Puedes encontrar este libro dondequiera que vendan literatura cristiana en tu área donde vives.*

## Recibiste el Espíritu Santo Desde Que Creíste?

En Hechos 19:2, el apóstol Pablo les hace una pregunta muy importante a los efesios:

> ¿"Recibísteis el Espíritu Santo desde que creísteis"?

La pregunta los asombró y contestaron:

> "Ni siquiera hemos oído si hay Espíritu Santo".

Pero después, cuando oraron juntos:

*...Vino sobre ellos el Espíritu Santo; y habla-
ban en lenguas, y profetizaban.*

(Hechos 19:6)

# ¿Qué Es el Bautismo en el Espíritu Santo?

El Bautismo en el Espíritu Santo es una unción de poder, la capacidad o habilidad de Dios en la vida del creyente, equipándolos a él o ella para testificar completamente de la vida de Cristo Jesús.

El Espíritu Santo nos fue dado desde el día de Pentecostés y nunca se ha ido. Esta es una experiencia diferente a tu conversión a Cristo. El bautismo en el Espíritu Santo fue una experiencia distinta en la vida de Jesús, al ser bautizado en agua, asimismo, en la vida de los apóstoles en el día de Pentecostés, y también en la vida de los creyentes, hoy en día.

## ¿Qué Es, y para Quién Es?

El Bautismo en el Espíritu Santo es para los creyentes, porque el mundo no puede recibirle. Esta experiencia es para equipar y llenar de poder a los creyentes para que adoren a Dios de una forma sobrenatural. El primer movimiento del Espíritu Santo fue cuando El vino sobre los primeros cristianos, y fue para hablar alabanzas a Dios a través de ellos (Hechos 2:11).

Este Bautismo es Dios vertiendo Su Espíritu dentro de la vida de una persona para equiparlos a él o ella, para ser testigos de Jesús.

Cristo dijo:

*Pero recibiréis poder, cuando haya venido sobre vosotros el Espíritu Santo, y me seréis testigos en Jerusalén, en toda Judea, en Samaria, y hasta lo último de la tierra.*

(Hechos 1:8)

## ¿Por Qué Es Necesario Ser Bautizado en el Espíritu Santo?

Es la voluntad de Dios para cada creyente que sea bautizado en el Espíritu Santo.

Es Su deseo para ti, que tú estés continuamente rebozando de Su Espíritu.

Jesús ORDENO a sus discípulos que no se fueran de Jerusalén hasta en tanto no fueran revestidos con poder.

*He aquí, Yo enviaré la promesa de mi Padre sobre vosotros; pero quedaos vosotros en la ciudad de Jerusalén, hasta que seáis investidos de poder desde lo alto.*   (Lucas 24:49)

En Efesios 5:17-18, la Palabra de Dios dice que los creyentes deben de entender (comprender, percibir, recibir) aquello que es la voluntad del Señor. También, ellos deben ser llenos con el Espíritu Santo.

*Por tanto, no seáis insensatos, sino entendidos de cual sea la voluntad del Señor. No os embriaguéis con vino, en lo cual hay disolución; antes bien sed llenos del Espíritu.*

(Efesios 5:17-18)

Jesús también dijo que aquellos que creyeran en El, DEBERIAN recibir el Espíritu Santo:

*Esto dijo del Espíritu que habían de recibir los que creyesen en El; pues aun no había venido el Espíritu Santo, porque Jesús no había sido aun glorificado.* (Juan 7:39)

## ¿Cómo Puedo Recibir el Bautismo en el Espíritu Santo?

El que pide, recibe. El conoce que es la voluntad de Dios para nosotros que seamos llenos del Espíritu Santo, nos da confianza para pedirle que nos bautice en el Espíritu Santo.

*Y esta es la confianza que tenemos en El, que si pedimos alguna cosa conforme a Su voluntad, El nos oye. Y si sabemos que El nos oye en cualquier cosa que pidamos, sabemos que tenemos las peticiones que le hayamos hecho.* (1a. Juan 5:14-15)

*Pedid, y se os dará; ¿Cuánto más vuestro Padre Celestial dará el Espíritu Santo a los que se lo pidan?* (Lucas 11:9, 13)

## ¿Qué Sucede Cuando Yo Recibo Este Bautismo?

### Nuevo Lenguaje

Una de las primeras experiencias que tenemos cuando somos llenos con el Espíritu Santo es que Dios nos da un lenguaje sobrenatural. Nuestro corazón es dirigido de una manera más completa hacia Dios, con quien fuimos reconciliados en Cristo Jesús desde que nacimos de nuevo. Jesús dijo:

> *Y estas señales seguirán a los que creen:… Hablarán nuevas lenguas.*   (Marcos 16:17)

Los gentiles en la casa de Cornelio hablaron en lenguas cuando el Espíritu Santo vino sobre ellos (Hechos 10:44-48). De la misma manera, como estudiamos antes, la gente en Efeso hablaron en lenguas cuando el Espíritu Santo vino sobre ellos:

> *Y habiéndoles impuesto Pablo las manos, vino sobre ellos el Espíritu Santo; y hablaban en lenguas, y profetizaban.*   (Hechos 19:6)

## ¿Cuál Es el Fruto de Hablar en Lenguas?

### Para Alabar a Dios en la Forma Que el Requiere

*…Porque si bendices solo con el espíritu…*

*Porque tú, a la verdad, bien das gracias.*
(1a. Corintios 14:16-17)

## Edifica Espiritualmente

*El que habla en lengua extraña, a sí mismo se edifica.* (1a. Corintios 14:4)

## Para Recordarnos de la Presencia del Espíritu Santo Que Mora en Nosotros

*Y Yo rogaré al Padre, y os dará otro Consolador, para que esté con vosotros para siempre; el Espíritu de verdad, al cual el mundo no puede recibir, porque no le ve, ni le conoce; pero vosotros le conocéis, porque mora con vosotros, y estará en vosotros.* (Juan 14:16-17)

## Ora en Perfecto Acuerdo con la Voluntad de Dios

*Y de igual manera el Espíritu nos ayuda en nuestra debilidad; pues que hemos de pedir como conviene, no lo sabemos, pero el Espíritu mismo intercede por nosotros con gemidos indecibles. Mas el que escudriña los corazones sabe cuál es la intención del Espíritu, porque conforme a la voluntad de Dios intercede por los santos.*

(Romanos 8:26-27)

## Estimula Nuestra Fe

*Pero vosotros amados, edificándoos sobre vuestra santísima fe, orando en el Espíritu Santo.* (Judas 1:20)

## Refrescándonos Espiritualmente

*Porque en lengua de tartamudos, y en extraña lengua hablará a este pueblo, a los cuales El dijo: éste es el reposo; dad reposo al cansado; y éste es el refrigerio; mas no quisieron oír.* (Isaías 28:11-12)

## Despejando Tu Línea de Oración a Dios

*Porque el que habla en lenguas no habla a los hombres, sino a Dios; pues nadie le entiende, aunque por el Espíritu habla misterios. Porque si yo oro en lengua desconocida, mi espíritu ora, pero mi entendimiento queda sin fruto.* (1a. Corintios 14:2, 14)

Repite ahora mismo esta oración conmigo en voz alta:

Padre, gracias porque en el momento en que pida ser lleno con el Espíritu Santo, verdaderamente voy a ser lleno. La evidencia es que podré hablar en otras lenguas a mi propia voluntad, aunque no las entienda con mi mente. Ahora, Padre, lléname con el Espíritu

Santo, en el Nombre de Jesús. Gracias por llenarme, en este mismo momento. Decidiéndolo por mi propia voluntad, voy a hablar en otras lenguas. En el Nombre de Jesús. Amén.

Podemos edificarnos y asimismo hablarle a Dios dondequiera que estemos—en el automóvil, en el autobús, o en el avión, estando en casa, o aun en nuestro trabajo. Sin molestar a nadie. El hablar en lenguas es una forma de mantenerse libre de la contaminación del mundo.

## Dones Sobrenaturales de Poder

Los dones del Espíritu Santo pueden comenzar a operar ahora mismo en, y a través de tu vida. De acuerdo a 1a. Corintios 12:7-11, los nueve dones del Espíritu Santo son:

- Palabra de Sabiduría
- Palabra de Ciencia
- Discernimiento de Espíritus
- Profecía
- Diversos Géneros de Lenguas
- Interpretación de Lenguas
- Una Fe Especial
- Sanidades
- Obrar Milagros

Para mayor información sobre cómo vivir siendo un cristiano victorioso, por favor ordena el libro titulado *El Caminar Victorioso. Puede adquirir este libro dondequiera que vendan productos cristianos selectos en tu área donde vives.*

## 10 Maldiciones que Bloquean la Bendición
### *Larry Huch*

¿Sufre usted de depresión, disfunción familiar, infelicidad conyugal u otros problemas y no puede superarlos? En las páginas de este innovador libro, *10 Maldiciones que Bloquean la Bendición*, Larry Huch comparte su experiencia personal con una vida de enojo, drogadicción, crimen y violencia. Usted no tiene que batallar más. Decídase a revolucionar su vida. ¡Usted puede darle marcha atrás a las maldiciones que bloquean sus bendiciones!

ISBN: 978-0-88368-585-3 • Rústica • 256 páginas

www.whitakerhouse.com

**El Poder de la Sangre**
*Mary K. Baxter*
*con el Dr. T. L. Lowery*

Por medio de su propia experiencia y las experiencias personales de otros, Mary K. Baxter la autora de libros de mayor venta muestra cuantas vidas han sido transformadas para siempre por el poder de la sangre de Jesús. Cualquiera que sea su situación, usted puede tener nueva intimidad con su Padre celestial y recibir milagrosas respuestas a sus oraciones—por medio del poder de la sangre.

ISBN: 978-0-88368-987-5 • Rústica • 288 páginas

www.whitakerhouse.com

## Lucifer al Descubierto:
## El Plan del Diablo para Destruir Su Vida
*Derek Prince*

Satanás, el arcángel caído, desea nada más que ganar la lealtad, los corazones y las mentes de toda la raza humana—¡y no se rendirá en su intento para ganárselo a usted! Derek Prince expone el arma más grande de Satanás para esclavizar y atar al humano común. Satanás intenta seducir a los cristianos para que no alcancen su máximo potencial, también intenta distraer a todo ser humano para que no siga a Dios. ¿Lucha usted—o alguien que usted conoce—con el abuso, la pornografía, la adicción, la glotonería u otras cosas? Use el arsenal para la guerra espiritual revelado en este libro irresistible, y, ¡la victoria será suya!

ISBN: 978-0-88368-941-7 • Rústica • 160 páginas

www.whitakerhouse.com